すみません、2DKってなんですか？

住宅ジャーナリスト
日下部理絵

元国税局ライター
小林義崇

サンマーク出版

はじめに
一生分の「家の超・基礎」を、住宅のプロ＆お金のプロに全部聞きました！

いきなりですが、僕は家のことがあまりよくわかっていません。

「**すみません、2DKってなんですか？**」

「3LDKとか聞いても、具体的にどんな間取りかわからない」「Dって何？」そんなレベルの、住宅・超初心者です。

僕は、社会人7年目の29歳。出版社で、本を作る仕事をしています。妻と3歳の長男、そしてつい最近0歳の次男が生まれました。

「家族が増えた」というタイミングにあって直面しているのが、「**いつ引っ越すべきか**」そして「**購入か、賃貸か**」という問題。

「子ども2人育てるには、今の家は狭い」「度々引っ越すより、新居をドンと買ったほうがいい？」「長男の小学校入学までに終の棲家を決めるべき？」

家のことが気になって気になって、スマホで住宅情報を検索する毎日です。

しかし、1つ、とても不安なことがあります。

僕は「家」に関することを何も知りません。部屋を借りて一人暮らしをしたことはありますが、この本を作るまで「一軒家の賃貸がある」ことを知りませんでした。

街で見かける不動産屋さんの貼り紙を見ても、わからないことがたくさんあります。

「坪」「畳」「㎡」という単位がついた数字を見てもどれくらいの広さなのか、まったく見当がつきません。

「2LDKの〝2〟って何が2?」「LDKのLって? Dって? 何が違う?」

そんなレベルです。

●「家を買う」ってどういうこと?

そんな自分が家を買う姿はイメージできません。そもそも、どうすれば家を買えるのか、見当がつきません。

もちろん、買ったあとに「家を売る」なんて未知の世界。

何より、30歳目前の自分が、いつまでも「家のことがわからない」のはまずいと思っています。

僕はどうすればよいか、考えました。そのとき思い出したのが、以前担当した『**すみません、金利ってなんですか？**』（小社刊）という本です。

その本は「お金のことがまったくわからないまま大人になった」僕が、元国税専門官の小林義崇（こばやしよしたか）さんにお金の疑問をぶつけるという方針で編集したもので、タイトル通り「金利ってなんですか？」というレベルからお金に関する疑問を投げかけ、誰にでも理解できるよう説明してもらった「お金のトリセツ」です。

「**そうだ、この手があった……またあのスタイルでプロにゼロから教えてもらおう**」

出版社の編集者という立場に、またかこつけて……。「家」のあれこれにまつわる基本的なことを教えてもらう企画を立てた、というわけです。

●住宅のプロ×お金のプロという最強コンビ

「では、誰に聞こう？」

手持ちの名刺を見返し、たどりついた住宅のプロ。それが、本書の著者・日下部理絵（くさかべりえ）さんです。

日下部さんと知り合ったのは、約6年前。出版社の編集者や各分野の専門家たちが集まる会でのこと。

当時は独身で「家族が増えていく状況」なんて考えたこともなかったので、「住宅の専門家です」と自己紹介されても、正直ピンときませんでした。

ですが、それからライフステージが変わり、「いつ引っ越すべきか？」「そもそも家のこと、何も知らない」といった問題に直面したとき、名刺を見て「そういえば、日下部さんって住宅のプロだったような……」と思い出し、連絡をとることに。

僕の置かれた状況を打ち明けたところ、日下部さんから「**基本的なことからお話ししましょう！**」とお返事が。そしてこのたび住宅問答の指南役として、本書に登場いただけることになったのです。

日下部さんは、マンション管理士、宅地建物取引士といった家に関する国家資格を持つ「住宅の超プロ」。さらに住民として「家の売り・買い・賃貸」「不動産投資」も経験されているとのこと。

つまり、**専門家としての知識だけでなく、住宅の売買・賃貸にまつわる実務経験も兼ね備えた、机上の空論ではない「実践的な家の話」をレクチャーしてくれる**まさにうってつけの人なのです。

さらに家について知ろうとするとき、忘れてはいけないのが「税金」などのお金の話。それについては以前もお世話になった小林さんに聞くことにしました。小林さん自身も家を購入した経験があり、最近は売ったりもしたとのこと。

日下部さんと小林さんというコンビは、ゼロから家についていろいろ聞くに相応しい〝住宅のプロ×お金のプロ〟の最強タッグなのです！

●賃貸と購入、得するのは結局どっち？

考えてみれば、誰もがどこかに住んでいます。けれど、関係ない人はいないのに、学校で「家」について教わることはありません。

部屋を借りるときに不動産屋さんが一通り説明してくれた気がしますが、一度聞いただけでは覚えられません。そして、いったん住み始めたら、それらの話を振り返る機会はほとんどありませんでした。

本書では、「今さら聞きづらいけれども、家にまつわるここがわからない」というトピックを、「知ったかぶりをしない」「わかったふりしない」「理解できるまで聞く」の原則で住宅のプロ・お金のプロに聞きました。

この3原則に則って、**「LDK」ってなんですか？／「分譲住宅」ってなんですか？／「住宅ローン」を組むってどういうことですか？／どうやって「家を売る」んですか？……といった住宅の超基礎を尋ねに尋ねています。**

また、基本的な知識以外にも、「『賃貸と持ち家』『マンションと一軒家』、どっちが得？」「家を『買う』『持つ』『売る』で、それぞれどんなお金がどれくらいかかる？」といった、**損得を交えた「家を借りたり買ったりするときのリアルな話」**も聞いています。

家と無関係の人はいません。**家を借りる人・買う人・売る人、予定はないけど知識がないのが不安という人。**できるだけ多くの人のプラスとなることを意識して、編集しました。

今現在の、住宅にまつわる基本的な知識は、お二人のおかげでほぼ網羅できたのではないかと思います。

もっともわかりやすく、やさしい「家のトリセツ」として、お手元に置いていただければうれしいです。

住宅情報を見るのが楽しくなった2021年6月

梅田直希

すみません、2DKってなんですか?　目次

章

すみません、2DKってなんですか?
住宅の超・基礎知識

1章 敷金・礼金ってなんですか？

賃貸についての話

2章 家ってどうやって買うんですか？

持ち家についての話

2.5章

「住宅ローンを組む」ってどういうこと？

住宅ローンで家を買う 超基礎

3章 家ってどうやって売るんですか？

売却についての話

4章 固定資産税ってなんですか？

家にまつわる税金と特例の話

家を持っているときの税金と特例

家を手放したときの税金と特例

ブックデザイン　藤塚尚子（ｅｔｏｋｕｍｉ）
イラスト　オオノマサフミ
本文図版　神林美生
編集協力　山守麻衣
株式会社鷗来堂
表記確認協力（順不同）
ＳＵＵＭＯ
株式会社ＬＩＦＵＬＬ
アットホーム株式会社
ＵＲ都市機構

本書に登場する人①

住宅について教えてくれる人

住宅のプロ

日下部理絵（くさかべりえ）先生

知識のみに頼らない、超・現場主義の住宅ジャーナリスト。大学在学中に、第1回マンション管理士・管理業務主任者試験に合格。住宅の維持・メンテナンスに関わる管理会社などで数々の実務経験を積み独立。専門家としてマンション管理組合の相談や顧問業務、数多くの住宅調査、講演会・セミナーの講師、不動産に関する資格の試験委員を務めるなど、キャリアを重ねる。

「住民×管理×お金」の組み合わせによって住まいはいかようにも変化することを肌で感じ、「**不動産は生き物**」が信条。**最新情報を仕入れることに余念がない。**

一方、虫が大の苦手で、植栽の消毒を怠ったマンションから相談を受けた際、蛾の大量発生に遭遇し戦意を失いかけたことも。不動産が好きすぎて、情報サイト回遊や内見が趣味。

お金のプロ

小林義崇（こばやしよしたか）先生

お金関係に詳しい元国税専門官ライター。東京国税局に13年間勤め、不動産売却や相続に関する税務調査などを担当。35歳で独立し、現在は会社を経営。3児の父。2020年には、手狭に感じていたマンションを売却し、戸建てに買い換えた。学生時代に70万円超の布団をローンで買わされそうになったりと、決して初めからお金に強かったわけではないが、その分「**お金のことがよくわからない人**」**の悩みにとことん寄り添うことが信条。**

本書に登場する人②

住宅について学ぶ人

梅田直希（うめだなおき）

この本の企画・編集を担当した人。29 歳、2 児の父。

長男が 3 歳になり、最近次男が生まれたことで、「今の家が狭くなってきた」ことを実感。引っ越しを考えているが、「**そろそろ 30 歳だし、子どもが小学校に入る前に家を買ったほうがいい？**」と感じている。けれど、住宅知識がなく、そもそも「**どうやって家を買えばいいか」がわからず**、「そんな自分が家を買うのは危険……」と、この本を企画した。

マンションにしか住んだことがなく、理想は「庭付き・地下室ありの一軒家」。

＊本書中に登場する数字や制度等は、とくに記載がない限り、2021 年 3 月時点の情報です。住宅に関する法律や税制などは変更になる可能性もありますので、ご注意ください。

＊本書の情報については細心の注意を払っております。ただし、正確性および完全性等を保証するものではありません。個々の物件や金融機関によって情報が異なる可能性がございますので、あらかじめご了承の上、詳細は不動産業者や金融機関に直接のお問い合わせをお願いいたします。

＊データや数値等はわかりやすさを重視し、一部簡略化や加工を行っております。

＊本書は情報提供を目的としており、特定の商品の売買・推奨を目的としておりません。

＊情報の利用によって万一損害を被ったとしても、出版社および著者は責任を負いかねます。最終的な判断はご自身でお願いいたします。

章

すみません、2DKってなんですか?

住宅の超・基礎知識

日下部さん、これから「家」に関する基本的なことを聞いていきますが、よろしくお願いします！

こちらこそ、よろしくお願いします！

「家の間取り」や「住宅の種類」、それに「売買」といった話まで、あらゆることが謎なんです。でも、誰に聞いたらいいのかわからない。こんな状態で家を買うのは危険ということだけは、何となく感じています……

わかりました！　私は「宅地建物取引士」と「マンション管理士」という国家資格を持っています。不動産の中でもマンションの維持管理から終わりの建て替えまで、マンション全般についてアドバイスをするのが主戦場です。

「一軒家」についても聞いていいですか？

もちろん、守備範囲は「戸建て」にも及びます。投資家としても「買う」「貸す」「売る」を何度も行っており、専門家・投資家・住人、あらゆる目線から住宅を解剖してきたので、ご安心ください。

心強い！

ちなみに、今住んでいるのはどんなところですか？

何LDKかとか何へーべーかとかはわからないのですが、マンションの2階・角部屋で、リビング的な部屋が1つと、寝室が1つです。子どもが2人いて、4人で住むには狭いかなー、と感じています。

ありがとうございます。まず、「家が手狭になる」という実感はとても大切です。多くの人が家で悩み出すきっかけなんですよ。

人はいつ、家を買う？――一般的な住宅プラン

なので、梅田さんが特段「悩むのに遅すぎる」というわけではないので、ご安心を。

ちょっと気が楽になりました。次男が最近生まれ、長男も大きくなってきて、「引っ越したいけど、そろそろ家を買ったほうがいい？」という思いに苛(さいな)まれているんです。

梅田さん一家が「マイホームを手に入れようとしているタイミング」は〝王道の3ステップ〟に含まれていますよ。そう思うのも当然です。

あるあるなんですか？

はい。お子さんの成長や2人目の誕生で「引っ越したい」という衝動にかられるのは、とても理に適っています。

どんなタイミングが悩む王道なんですか？

①結婚や子どもの誕生　**②子どもの独立**　**③終の棲家の準備**の3つが、住宅を買ったり手放したりする「住まいに変化が訪れる」平均的な3タイミングです。転勤が多かったりして、少し変則的になることもあります。

「子どもが生まれてマイホーム」というのは理解できますが、子どもの独立もきっかけになるんですか？

わが子が大きくなって家を出ていったら、今度は「家が広すぎる」わけです。そこで、今の家を売ってそれを元手に小さめで利便性のいい家に買い換える、これが②です。さらに年齢を重ねれば、家に手すりをつけたり、段差をなくしたりする必要性も生まれます。また、高齢者施設に行くためにマイホームを手放すことも。これが最終段階の③。人生の節目節目に変化が訪れるイメージです。

けど、結婚してすぐ家を買うと、そのあと子どもが生まれたときに、家族のサイズに家がミスマッチになってきませんか？

その通り。なので結婚するタイミングの引っ越しで、とりあえず賃貸を選ぶ。最近は持ち家を売って次の家を買う「買い換え」もメジャーにはなってきましたが、大きなお金がかかるし、家を売るのは大変です。だから、**最初は賃貸が無難**だと思います。

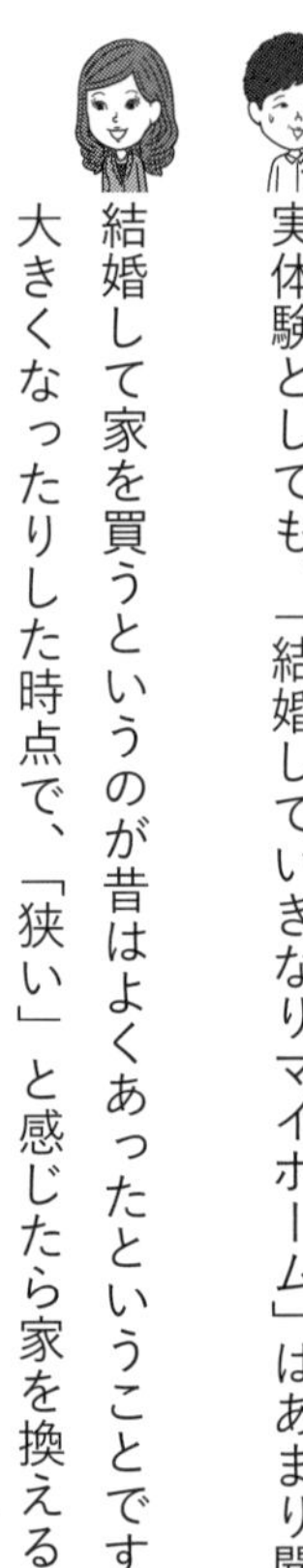

実体験としても、「結婚していきなりマイホーム」はあまり聞きません。

結婚して家を買うというのが昔はよくあったということです。で、お子さんが生まれたり大きくなったりした時点で、「狭い」と感じたら家を換えることを検討する。それが賃貸なのか、持ち家なのか、はたまたマンションなのか、戸建てなのか、臨機応変にそのときどきに応じて柔軟に考えてください。

臨機応変に……（それを悩んでいるんだけど……）

家に関しては、本当に個人の考え方や好み、状況によって千差万別なので。とはいえ、急

ぎすぎることはありません。２人目、３人目とお子さんが生まれたり、両親と同居したりする可能性もありますから。

とはいえ、臨機応変に動こうにも、住宅の知識がなさすぎて、どう動くのがベターかわからないし不安です。

たしかに基本的なことを知っているか知らないかで、住宅は損得がかなり分かれます。なので、わからないことはどんどん聞いていただいて、私も押さえてほしいポイントはもれなくお伝えできるようにしますね！

助かります！

「戸建て」って一軒家ですか？

すみません、いきなりすごくそもそもで恐縮なのですが、先ほど出た「**戸建て**」って「一軒家」のことですよね？

はい！　厳密には、一軒家には「近くに人家がなく一軒だけぽつんと建っている家」という意味がありますが、今はほとんど同じと思っていただければ。ちなみに戸建ては、**「一戸建て」の略称**です。

あ、なるほど。

戸建ての「戸」は玄関戸を指します。１つの建物に１つの玄関戸があるから「一戸建て」です。省庁の統計では、**いわゆる一軒家を指す「戸建て」、アパートやマンションなどの「共同建て」、社宅などの「給与住宅」**などに分類されています。

アパートとマンションはどう違うんですか？

アパートは、木造または軽量鉄骨造で2階建て以下のもの。マンションは、鉄筋コンクリート造などで3階建て以上のものを指すことが多いです。ちなみに、戸建てに住んでいる

「戸建て」に住む人のほうが多い

持ち家：賃貸　＝　6：4

持ち家の人のうち

戸建て約82%、共同建て約17%

（$\frac{\text{持ち家・一戸建て数}}{\text{持ち家住宅総数}}$×100、$\frac{\text{持ち家・共同住宅数}}{\text{持ち家住宅総数}}$×100でそれぞれ算出）

総務省 平成25年住宅・土地統計調査を参考に算出

人とマンションに住んでいる人、どっちが多いと思いますか？

マンションじゃないんですか？　東京はマンションだらけですし、1つのマンションにはたくさんの人が住めますし。

総務省の「平成25年住宅・土地統計調査」を見てみましょう。空き家などを除いた「居住されている住宅」は全国で約5210万戸。このうち**戸建ては54・9%の約2860万戸、共同建ては42・4%の約2209万戸**です。

え、戸建てのほうが多いんですか!?

地方に行くと、戸建ての割合はぐんと上がり、

約半分という数字はうなずけます。住んでいる家が持ち家か賃貸かを調べたデータもあり、総務省の同じ統計によると、日本の住宅の「持ち家：賃貸」は約6：4だそうです。

半分以上は、家を持っている……

はい、日本の世帯主の6割以上は家を買っています。そのうち戸建てを買った人はおよそ82％に及びます。

「分譲住宅」ってなんですか？

戸建てって高そうなイメージなのに、結構みんな買っているんですね。

戸建てには「**分譲住宅**」のような比較的リーズナブルなタイプもありますよ。

「分譲住宅」ってどういう住宅ですか？　聞いたことはあるのですが……

分譲住宅とは、広い土地を分割し、同じような形で数多く造ることでコストを低く抑える住宅のことです。

うーん……「分譲」ってそもそもなんですか？「分譲マンション」などとよく見聞きしますが……

そもそも分譲は、大きなものを「分割譲渡する」という意味。だから「**分譲マンション＝1棟のマンションを区分けして、一部屋ずつ販売しているマンション**」です。

分けて譲られる……文字通りの意味なんですね！

はい！　買った一室が「持ち家」になるので、リフォームしたり、壁紙を張り替えたり、自由に使えます。そして分譲マンションの戸建てバージョンが、「分譲住宅」だと思ってください。分譲住宅は、住宅を造る不動産会社がまとめて買った広い土地「分譲地」を区画整理し、それを分割した上に、同様の形で建てられた家です。

なるほど、**分譲マンションも分譲住宅も「分割されたうちの1つ」**ということですね。

「資産価値」は戸建てよりマンションが高い

ちなみに、資産価値はマンションと戸建て、どちらが上だと思いますか？

家そのものの価値ですよね？　「戸建てが上」では？

資産価値、つまり価格が高いのは、概してマンションなんです。

え？　戸建ては土地も含まれるから価値が高いんじゃないんですか？

分譲マンションを買っても、下の土地の権利が自動的にもらえますよ。ただし、「戸数」、つまり入居できる世帯数で分割されるので、戸数が多いほど譲渡される土地の価値は低くなります。厳密には、分割割合に応じてそのマンションの土地を占有できる「敷地利用権」

分譲マンション・分譲住宅

分譲マンション

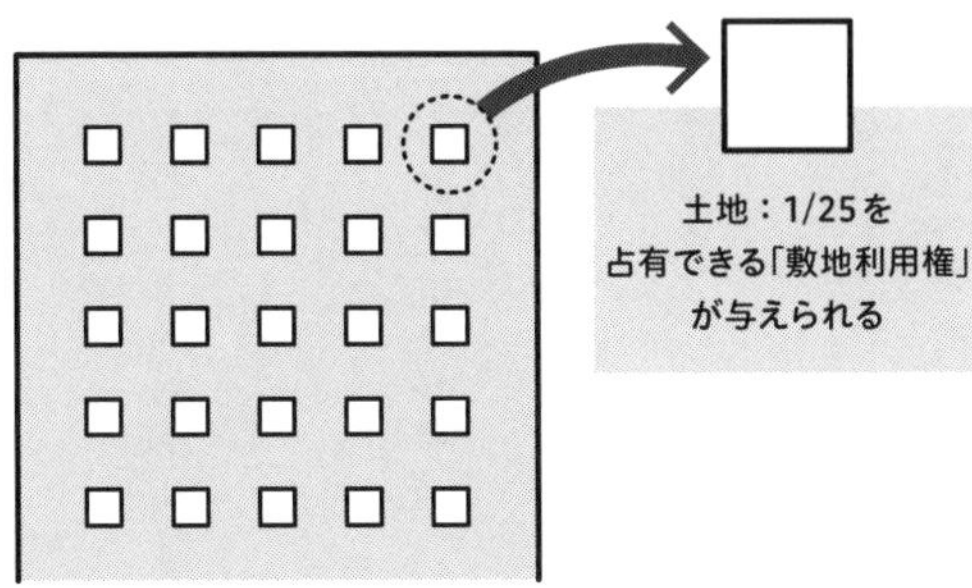

(例)1つのマンションを25部屋に分けてそれぞれ販売

分譲住宅

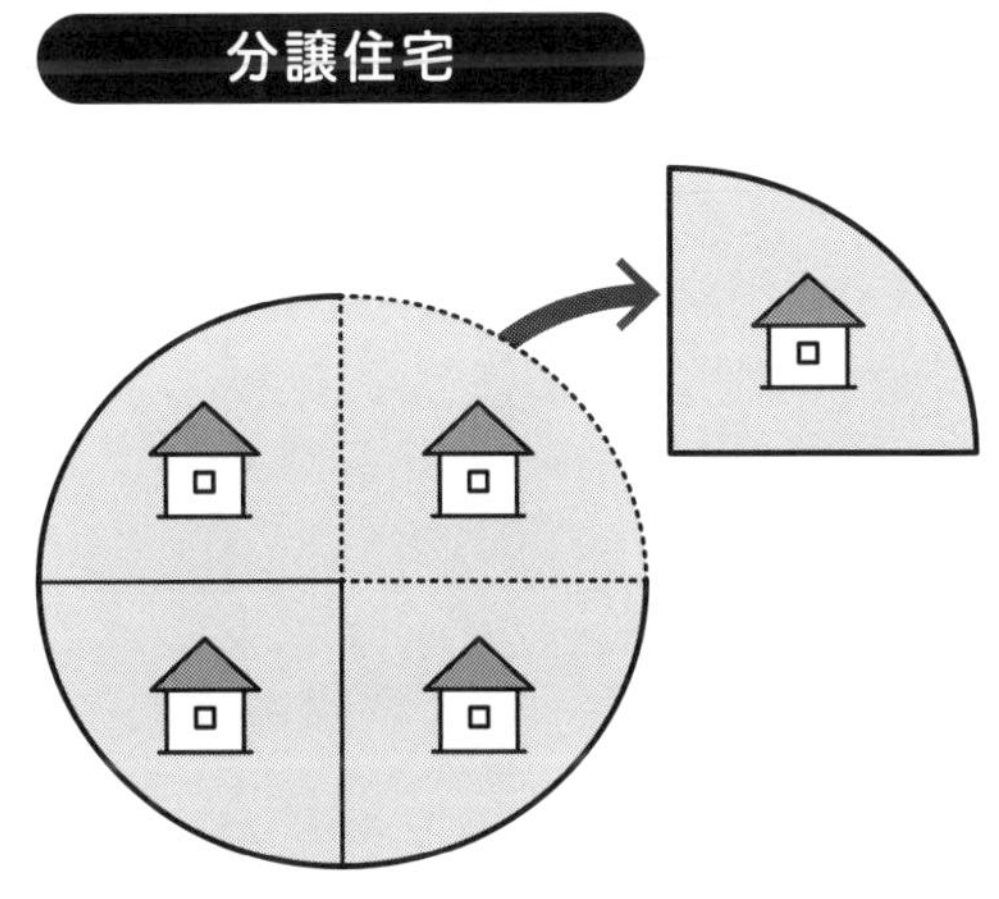

(例)分譲地を4区分し、それぞれ販売

が与えられます。

1棟で100戸あるマンションなら、土地の権利は100分の1になるということ?

はい。厳密には部屋の広さに応じて算出されます。

でも戸建てだと、土地の権利は100%自分のものですよね? やっぱり戸建てのほうが資産価値が高いんじゃ……

いえいえ、たとえばマンションは駅まで歩いていけるような地価が高い立地が多いですし、何より「建物そのもの」が違います。

え、どういうこと?

戸建ての多くは木造で耐用年数は22年。丈夫な重量鉄骨造でも34年です。比べてマンションはより頑丈に造られていて、耐用年数は47年、管理次第では百年単位で保つものも。つまり、マンションのほうが戸建てより建物としては丈夫。その証拠に、**マンションのほうが固定資産税は高くなります。**

「固定資産税」ってなんですか？

すみません、「固定資産税」ってなんですか？　聞いたことはあるのですが……

毎年1月1日の時点で、**戸建てやマンション、土地などの不動産を所有している人が払う税金**です。木造より鉄筋コンクリート造のほうが、固定資産税は高くなります。「固定資産が高い」＝「資産価値が高い」という意味です。

ざっくり「固定資産税＝家を買って持っていたらかかる税金」ですか？

それで十分です！　家って、動きませんよね。「固定」の「資産」というわけです。

「リビング」と「ダイニング」はどう違う？

そういえば、僕は「間取り」からしてよくわからないのですが、戸建てもマンションも同じ「○ＬＤＫ」という言い方になるんですか？

はい、そこは同じです！　面白いことに、間取りには時代ごとに流行があるんですよ。たとえば１９７０年代には玄関を入るとすぐ「ＬＤＫ」が広がっているスタイルが人気で

……

すみません、ＬＤＫってなんですか？

あ、**「ＬＤＫ」とは、**

- **居間を表す「リビング」のＬ**
- **食事をする場所「ダイニング」を表すＤ**
- **「キッチン」を表すＫ**

「○ＬＤＫ」ってなんですか？

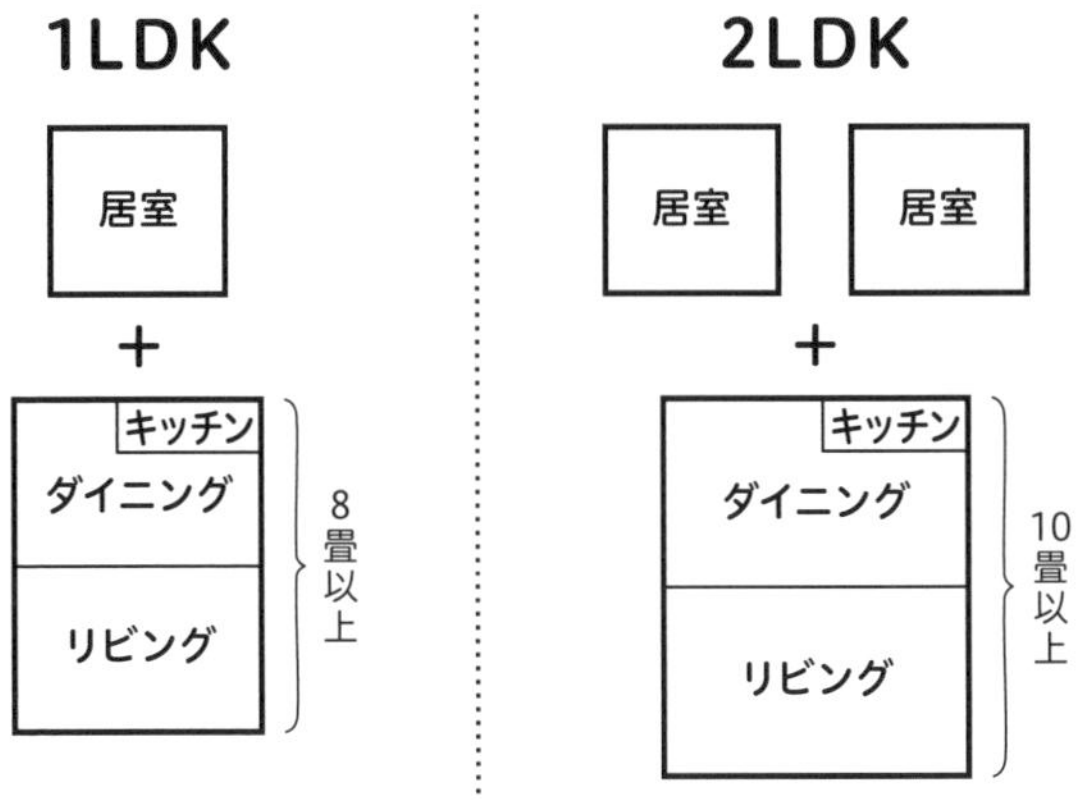

1LDK

居室
＋
キッチン
ダイニング
リビング
8畳以上

2LDK

居室　居室
＋
キッチン
ダイニング
リビング
10畳以上

これが一体になった「1つの空間」のことです。

「リビング」と「ダイニング」って、どう違うんですか？　僕は、リビングでご飯を食べているつもりなのですが……

テレビがあってソファーが置いてあるような「居間」と、キッチン近くでテーブルがある「食事をする場所」を厳密に分ける考え方です。とはいえ、梅田さんのようにリビングでご飯を食べる家庭も多く、現実的にはリビングとダイニングの境目は曖昧です。

うーん、わかったような、わからないような……

「居間と食事をする場所を足した広い空間に、キッチンがついているのがLDK」と思っていただければ。実際、「LDK」には基準が定められています。**間取り全体の居室数が1部屋の場合は8畳、2部屋以上の場合は10畳以上ないと「LDK」とはいえない**んです。1LDKなら「居室1部屋」＋「8畳以上のLDK空間」、2LDKなら「居室2部屋」＋「10畳以上のLDK空間」です。

……すみません、「居室」ってなんですか？

窓や換気設備があって採光と換気が十分できる部屋のことです。「寝室にできそうな部屋」と思っていただければ。

ということは、2LDKは、寝室になりそうな部屋2つと、10畳以上のLDK空間、ということ？

はい、その通りです！

じゃあ、たとえば居室が2つある家の場合、一番大きくてキッチンのある空間が10畳を満たしていないと、ひょっとして「2DK」になるんですか？　あんまり「2LK」って聞いたことないし……

その通り！　**DKはダイニングとキッチンが一体になった空間「ダイニングキッチン」の略です。それぞれ8畳、もしくは10畳を超えると居間として使える空間ができると考えられて「LDK」に昇格**、というわけです。

「ワンルーム」と「1K」の違い

そういえば、僕が最初に借りた部屋は「1K」でした。自由に使える部屋が1つだから「ワンルーム？」と思っていましたが、1Kとワンルームは違うんですか？

梅田さんが借りた1Kのお部屋、キッチンが廊下にありませんでしたか？

廊下にありました。

で、居室との間に、扉があったのでは?

はい。扉で分かれていました。

その状態は、居室からキッチンが独立しているので「1K」です。つまり、「1つの居室+キッチン」という意味です。同じ造りで居室が2つなら「2K」となります。

1ルームは違うんですか?

1ルームは「1R」と表記するのですが、扉など仕切りがなく、キッチンと居室がつながっています。これが、1Kとの違いです。

「１Ｒ」と「１Ｋ」の違い

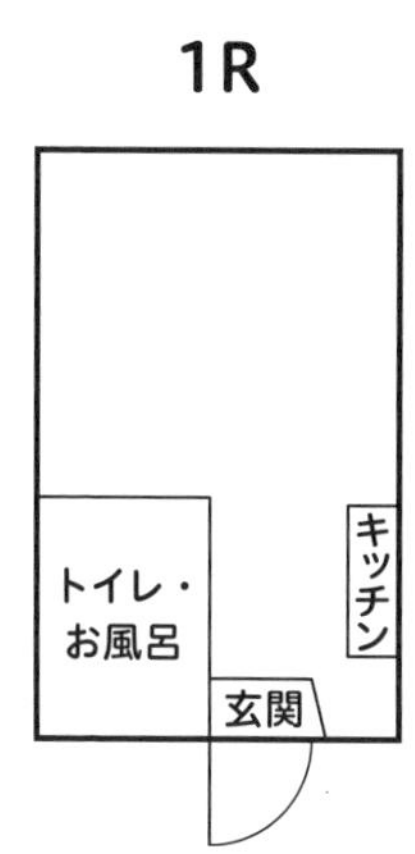

「2DK＋S」がある

なるほど。けど「1K」や「1LDK」の表記って、トイレやお風呂が入ってないですよね？　なぜですか？

トイレはWC、お風呂はUBなどと表記されますが、図面で表すのが通例です。基本ついていますし、図面を見れば一目瞭然だから略記には含まないんでしょうね。

なるほど。

「**S**」や「**N**」が入って「2DK＋S」「2LDK＋N」みたいに表記されることはあります

よ。

「S」「N」?

「**サービスルーム**」と「**納戸**」です。どちらも**建築基準法によって「居室」とは認められないスペース**です。洋風だと「S」、和風だと「N」と使い分けられたりします。最近は書斎の「DEN」やフリースペースの「F」という略称が用いられることも多いです。どれも「**居室ではないけど、それなりの小部屋**」という意味ですね。

「居室とは認められない」ということは、居室と認められるには厳密な条件があるということですか? たしか先ほど、採光がどうとか……

はい。「人が居住・作業・娯楽などの目的のために継続的に使用する室」が居室の定義で、「採光に必要な窓などの開口部が床面積の7分の1以上」「換気に必要な開口部が床面積の20分の1以上」といった条件があります。「継続的に使用」がポイントで、「廊下」「トイレ」「洗面所」「浴室」などは居室ではありません。屋根のない「バルコニー」だって、もちろんそうです。

屋根付きが「ベランダ」、屋根なしが「バルコニー」

すみません、今出た「バルコニー」と「ベランダ」って違うんですか？

どちらも「住戸から外に張り出しているスペース」ですが、**屋根付きが「ベランダ」、屋根なしが「バルコニー」**です。

じゃあ「ルーフバルコニー」は？　半分だけ屋根があるバルコニー？

ルーフバルコニーは、「下の階の屋根（ルーフ）の上部スペースを利用したもの」で、通常のバルコニーより広いケースが多いです。イメージは「最上階」ですね。

それって「テラス」じゃないんですか？

マンションのテラスは、1階の屋外スペースを指します。1階の庭付きのお部屋を見たことはないですか？

ベランダ部分がそのまま庭みたいになっているところですか？

それがテラスです。ほかの階にはないので、テラスとルーフバルコニーがある部屋は使用料を取られることもありますよ。

ベランダは「共用スペース」

「ベランダ」ってバルコニーの古い言い方だと思い込んでいました。

そういう人、多いですよ。思い込みで言うと、**ベランダやバルコニーって住んでいる人が自由に使っていいスペースと思われがちですが、その限りではありません。**

ベランダとバルコニーの違い

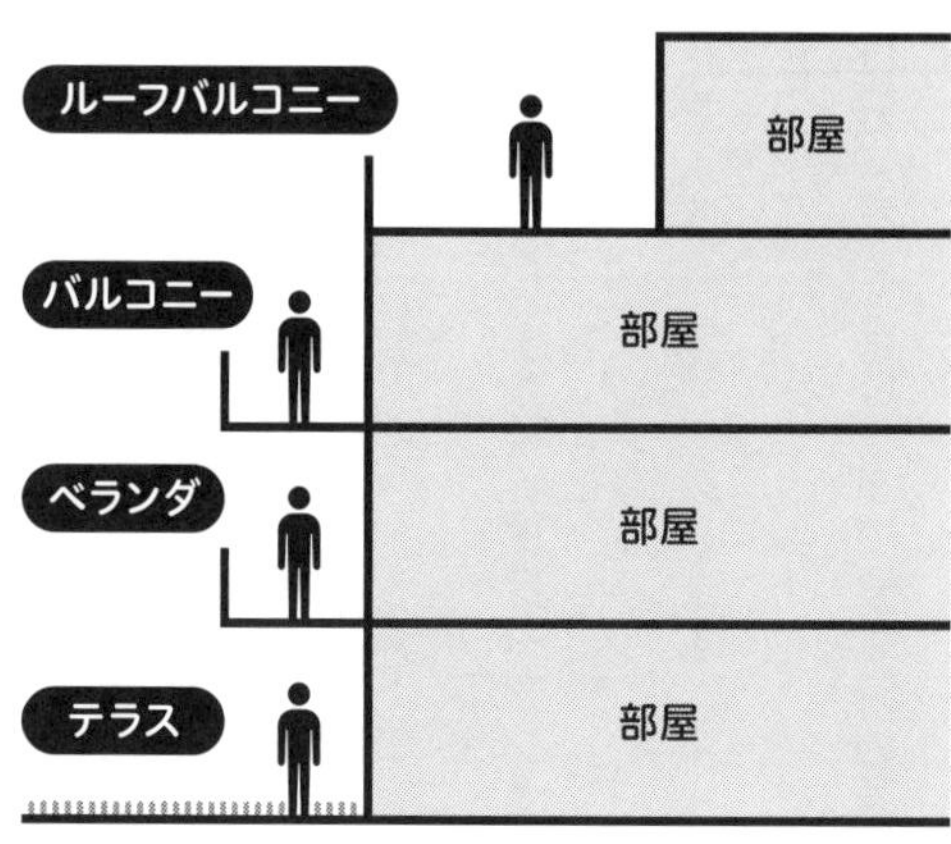

え、勝手に使っちゃダメなんですか？　洗濯物とかバンバン干してます……

厳密には、住んでいるマンションの管理規約に従う必要があります。なかには、落下防止や美観上の理由から「洗濯物や布団を干すのは禁止」というところもあります。

けど、そのベランダに出入りできるのは住んでいる人だけだから、好きに使ってもバレないと思うんですが……

バレる・バレないは問題じゃなくて、**そもそもベランダやバルコニーって共用部分**なんです。

えっ、じゃあ「ほかの人も使う」んですか？

ベランダやバルコニーは、緊急時にマンション全体の避難通路になることがあります。だから、隣戸のベランダとの境目に蹴破り戸や避難はしごの開閉扉が設置されていたら、そのまわりに大きなモノを置いてはいけないことになっています。

そういえば、「蹴ると破れます」と隣のベランダとの間に書いてあったような……

何かあったときに「賃貸マンションなら大家さんが、分譲マンションなら管理組合で責任をとる」というニュアンスで、「大家さんや管理組合、そこから頼まれたりした第三者が、立ち入る可能性があります」ということです。

けど、それはあくまで緊急時の話で、日常的には「自分のもの」として使って問題ない気がするんですが……

マンションの住民がベランダを使っているのは、「**共用部分の専用使用権を与えられてい**

る」という状態なんです。管理規約をよく見るとわかりますが、「共用部分の範囲」として具体的に記載されていますよ。

「畳」「坪」「平米」ってどれくらいの広さ？

ちなみに、ベランダ・バルコニーは物件の広さに入ってきますか？

いえいえ、物件情報で表示されている専有面積は室内の広さのみです。

じゃあ、○㎡は純粋に居住スペースの広さと思っていいですね。ただ、面積について、まだよくわからなくて……

「**畳**」「**坪**」「**平米**」などの単位のことですか？

はい……。「畳」と書くからには、「あの畳のことかな」というレベルです。住宅情報に載っている数字を見ても、それが具体的にどれくらいの広さなのか、イメージができないんです。

わかりやすいところから説明しましょう。「**平米**」というのは、一辺の長さが1mの正方形の面積。「1平米」は1㎡と同じです。「**坪**」は約3・3㎡です。

1坪って「大きな壺を1つ置ける広さ」だと思ってました……

壺じゃなくて坪ですね。一方、「**畳**」の定義は地方によって少し差があります。西日本は「1・82㎡」、東海エリアは「1・65㎡」、東日本では「1・54㎡」などです。漢字違いで「帖」と表記されることもあります。

うーん、数字だとイメージしづらいですね。

ざっくり、「**大人1人が手足を伸ばして寝られるスペース**」が1畳だと思ってください。「起きて半畳寝て一畳」なんてことわざもありますよね。

「1畳」「1坪」って？

1畳

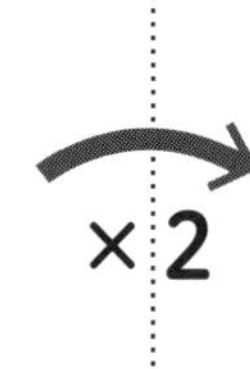

×2

1坪

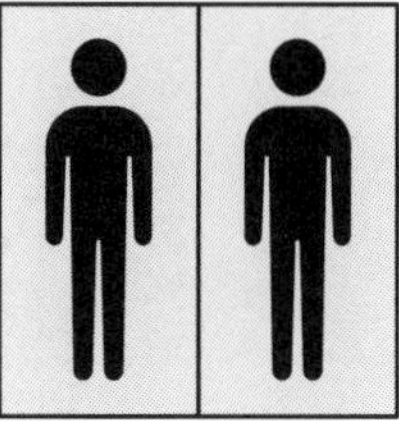

地域によって
約1.54 ～ 1.82㎡
（間取り図上では1.62㎡以上）

約3.3㎡

……初めて聞きました。

「必要以上を求めないように」という意味です。さらに言うと、**2畳が1坪**です。大人2人が手足を伸ばして寝たスペースが、「1坪」にあたります。

賃貸と持ち家、どれくらいお金がかかる？

間取りや広さについて教えてもらったところで、リアルなことも聞いていいですか？

なんでしょう？

賃貸と持ち家、お金の面で結局どっちがお得なんですか？

これは究極の選択で、多くの専門家たちが研究し、様々なメディアが取り上げてきました。もちろん、「選ぶ人の生き方や価値観次第」と言ってしまえばそれまでですが、費目をすべて洗い出して検討すると、色々見えてきますよ。

ぜひ教えてください！

まず、両者の違いを押さえましょう。**「賃貸」の場合、最後に物件が手元に残りません。また税金面での優遇が一切ありません。**その代わり、**地震や火災などで被害をこうむっても、「次の家を探せばいい」という気楽さがついてきます。**「持ち家」の場合はこの逆で、天災などで被害に遭っても自己責任、自分で処理しなくてはいけません。

なるほど。コスト面ではどれくらい違ってきますか？

「トータルで見ると、あまり差がない」というのが一般論です。けれど2013年頃から

「アベノミクス」の影響で不動産価格が高騰して高止まりしています。また2020年からのコロナウイルス流行で、**今後、差が開く可能性はゼロではありません。**

アベノミクスがどう影響したんですか？

ざっくり説明すると、アベノミクスのおかげで多くの資金が不動産市場に流入した結果、不動産価格が順調に上昇し続けました。また、観光などで日本を訪れる外国人が増えた結果、商業地の需要も伸び、それにともない地価も押し上げられました。

不動産の値段は、どれくらい上がったんですか？

マンションの場合、約1・5倍高騰しました。この傾向は、東京や大阪などの大都市を中心として広がりを見せています。

1・5倍ってすごい値上がりですね。

もともと不動産の相場は、波があります。以前はその周期が「約15年」でしたが、最近は「7～8年」で乱高下を繰り返しています。なので、**2013年から始まった高騰の結果が、これから下がるのか、安定したまま続くのか。2020年以降が分岐点**になりそうなんです。

差が開くかも、とのことですが、どっちのほうがお金がかかりそうですか？

比較してみましょう。まず、賃貸マンションの生涯コストを試算します。賃貸契約の更新は2年ごと、更新料は家賃の1か月分、引っ越し費用や家具購入などは初期費用として計算します。子どもの独立後は、夫婦2人向けの物件への住み替えを想定しています。

■「一生賃貸マンション」の生涯コスト

①35歳からの10年間
家賃12万円、共益費1・5万円のファミリー向け2ＬＤＫ

- 初期費用：家賃の半年分＝72万円

- 住居費用：（12万円＋1・5万円）×12か月×10年＝1620万円
- 更新費：家賃1か月分×4回＝48万円（更新5回目のタイミングで住み替え）

合計＝1740万円

②45歳からの15年間
家賃16万円、共益費2万円のファミリー向け3LDK

- 初期費用：家賃の半年分＝96万円
- 住居費用：（16万円＋2万円）×12か月×15年＝3240万円
- 更新費：家賃1か月分×7回＝112万円

合計＝3448万円

③60歳からの25年間
家賃10万円、共益費2万円の2DK

- 初期費用：家賃の半年分＝60万円
- 住居費用：（10万円＋2万円）×12か月×25年＝3600万円
- 更新費：家賃1か月分×12回＝120万円

合計＝３７８０万円

50年間の総住居費用（①＋②＋③）＝８９６８万円

一生賃貸なら９０００万円弱……。では、新築マンションを購入した場合は？

■「新築マンション購入」の生涯コスト

共働き夫婦が35歳で80㎡、３ＬＤＫの新築分譲マンションを購入した場合の試算です。住宅ローンの返済期間は35年で、「全期間固定金利１・３％、ボーナス返済なし」で計算してみます。ここでは、１・３％の利子が変わらないと思ってください。

☆物件価格：５８００万円

①35年間

● 初期費用：頭金６００万円＋諸経費２９０万円（物件価格の５％で計算）

- 住宅ローン借入額：5200万円

⬇ローン総返済額：6475万円（毎月の返済額：約15・42万円）

- 管理費・修繕積立金：月々2万円×35年＝840万円
- 固定資産税・都市計画税：10万円×35年＝350万円

合計＝8555万円

②住宅ローン完済後15年間

- 管理費・修繕積立金：月々2万円×15年＝360万円
- 固定資産税・都市計画税：10万円×15年＝150万円

合計＝510万円

50年間の総住居費用（①＋②）＝9065万円

賃貸マンションと、思っていたほど大きな差はないですね。

そうなんです。ただ、今後不動産の価格が上昇するのか、はたまた暴落するのか、金利はどうなるのか、自身は長生きするのかなどで損得が分かれてくる、というわけです。

「老後2000万円」は住居費1万3000円で計算した話

そういえば、一時「老後に2000万円必要」とよく見聞きしました。これは、賃貸の人も持ち家の人も、両方とも2000万円必要ということですか？

2019年に、金融庁の報告書が発端で話題を呼んだ「老後2000万円問題」ですね。試算を見ると、**住居費は毎月「1万3000円」という設定**です。

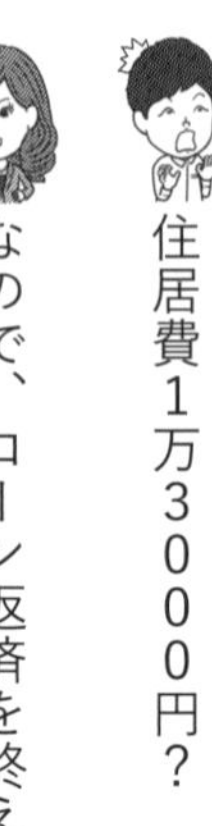

住居費1万3000円？　賃貸でそんな条件、ないですよ。

なので、ローン返済を終えた「持ち家」の人にあてはまる試算です。**「一生賃貸」の人は、**

2000万円どころか、もっと必要と考えられます。

「退職後に備えて、2000万円貯めないと」と思っていましたが、賃貸の場合はもっと必要なんですね。家を選ぶ際、きっちり頭に入れておかねば……

プロは今、「築浅・中古」をすすめる

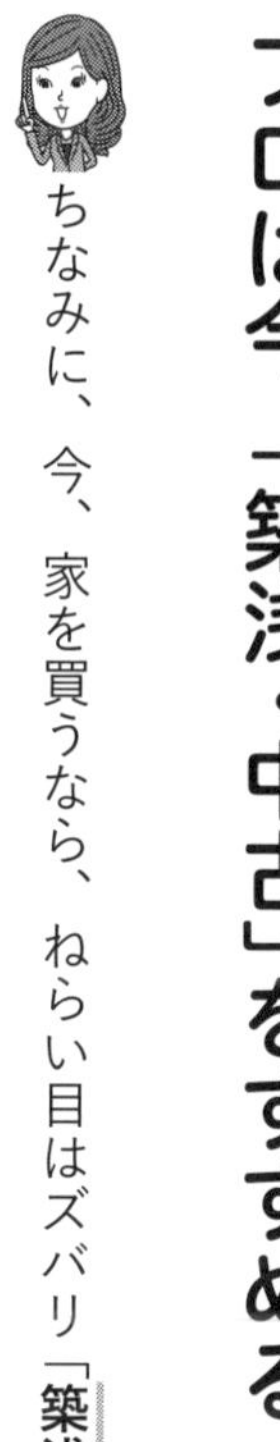

ちなみに、今、家を買うなら、ねらい目はズバリ「**築浅・中古**」の物件です。

「築浅」って、築年数は浅いけど新築ではない物件、ですか？

はい！　「**中古**」**は、**「**誰かが1回でも住んだ物件**」のこと。築1年でも、誰かが住めば中古物件。未入居でも完成後1年以上で中古とされることが多いです。「**築浅**」**は、文字通り**「**築年数が浅い物件**」のこと。大体「築5年や10年以内」までとされます。この2つをかけあわせた「築浅・中古」が人気なんです。

「家を買うなら新築」と思っていたのですが……

新築は購入費が高くなります。でも、築浅なら設備も見た目も新しく、リフォームなしですぐ住める。無理して新築の高いローンを背負うよりお得と、最近注目されているんです。立地がよければ、なおおすすめです。

何年くらいの築浅物件がおすすめですか？

ズバリ、**8〜10年もの**です。それくらいなら、価格も適度に下がっていることが多いです。とはいえ、数字だけで判断せず、ちゃんと内見はしてくださいね。

不動産屋さんは「明るい時間」に見せたがる

最近、「VRによる内見サービス」が出てきましたが、やっぱり住むところは実際に足を運んで自分の目で確かめたほうがいいですか？

家そのものと同様、もしくはそれ以上に、立地や周辺環境も重要。だから、内見は可能な限りしたほうがいいです。ベストは、**その物件の「昼の顔」と「夜の顔」、どちらも見ることです**。

え、2回？

仲介してくれる不動産屋さんに内見を頼むと、たいてい日中に案内されます。**「日当たり」を考えて、昼12時、午後1時といった太陽が高い時間帯に案内されることが多い**んです。それに、不動産屋さんの営業時間も関係しています。基本的には、夜遅くまで営業しないので。

なるほど。

あと、夜にはそこの住民さんたちが仕事や学校から帰宅するので、昼とは別の面を見ることができます。

夜のほうがその物件のリアルが垣間見えるわけですね。

たとえばマンションなら、「夜、大音量で音楽をかけている人がいる」「子どもの声や犬の鳴き声が外まで聞こえる」など、実際に住むときのリアルを感じられます。

「自分が家にいる時間」を考えて検討すべきですね。

とくに、購入を考えているならより慎重にリサーチすべき。**入居後、不便な点に気づいても、すぐには動けません。**何かひっかかる点があったら、どんどん不動産屋さんに聞いて疑問点を解消しましょう。ただし、勝手にマンションに入ったりすると不法侵入になるので、注意してください。

人は平均「3件」見て決める

では、もし家を買う場合、どれくらい物件を見ればいいですか？　もしいい物件があっても、「ほかにもあるかも?」となかなか決めきれなそうで……

データがありますよ。物件を決めるまでの内見数は「**平均3件**」だそうです。

じゃあ、3件目で決めるのが一般的なんですね。

ただし、「3件」というのはあくまで平均値。「1件」でスパッと決める人もいれば、「回遊魚」と呼ばれるほど多くの物件を回り続ける人もいますので。

極端な人も含めての平均値が3件……。とはいえ、ざっくり目安の件数がわかっただけでもよかったです!

「宅建」ってなんですか?

家探しの不安をもっとなくすためにも、ここで家に関わる人たちをざっくり概説しておき

ましょうか。梅田さんが家を借りたり買ったりするうえで関わる人たちを知れば、住宅業界全体をざっくり概観できますよ。

お願いします！

まず、「住宅を貸す・売る」側と「借りる・買う」側、その中間にいるのが仲介業者である不動産屋さんです。そこに**「宅地建物取引士」、略して「宅建士」**という不動産取引のプロがいます。

それって、「宅建」と関係ありますか？

はい。「宅建士になるための試験や資格」の略称が宅建です。宅建試験は、毎年20万人前後の受験者数を誇る国家資格で、合格率15～17％の試験に受かったあと、実務経験を2年積むか講習を受けて都道府県に登録申請し、「宅建士証」を得た人が宅建士です。

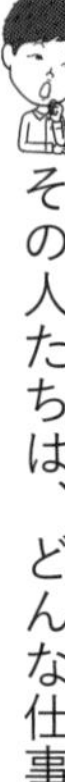

その人たちは、どんな仕事をするんですか？

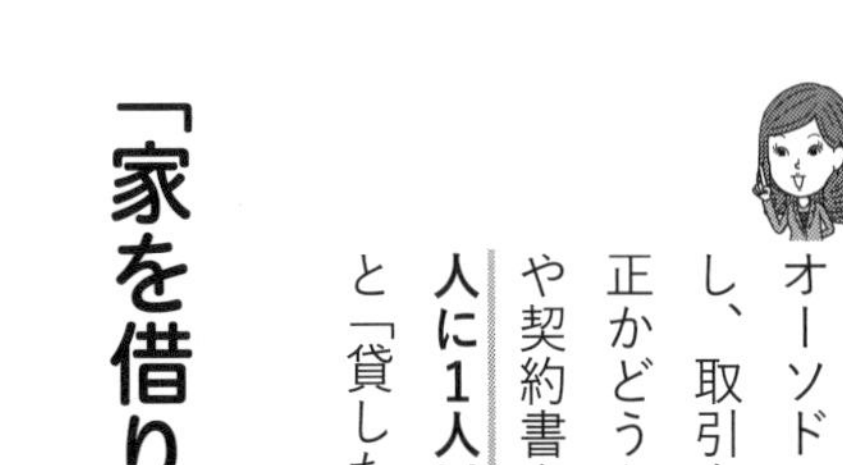

オーソドックスなのは不動産屋さんでの業務です。不動産取引にまつわるトラブルを減らし、取引をスムーズに進めることが宅建士の役割です。一般消費者に代わって、取引が公正かどうか判断したり、家の借り手・買い手に重要なことを説明したり、重要事項説明書や契約書を確認し記名・押印したりします。**不動産業界では、1つの事務所で従業員の5人に1人以上の宅建士を置くことが義務づけられています。**「家を借りたい・買いたい人」と「貸したい・売りたい人」をトラブルなく結びつけるのが彼らの使命なんです。

「家を借りる」流れ、関わる人

で、多くの人が不動産屋さんと最初に関わるのは、「借りる」ときですよね。

一人暮らしをするときに初めて不動産屋さんに行きました。

賃貸はまず、物件を持っているオーナー、いわゆる「大家さん」から始まります。家を借りるときは契約上「オーナーである所有者から借りる」ことになりますが、**通常はその間**

に不動産屋さんが介在しています。

不動産屋さんが貸してくれるわけじゃないんですね。

そういうケースもありますが、ほとんどはオーナーが別にいるでしょうね。

けど、間に入ってもらわずに大家さん1人ですべてやったほうが儲かるのでは？

人に貸すとなると、膨大な業務が生まれ、1人でこなすのは困難です。入居者の募集や入居・退去の手続き、日々の掃除から建物や設備の管理まで。だから**大家さんはそれらを「仲介」や「管理」を専門とする不動産屋さんにお金を払い、委託している**んです。

不動産屋さんによって得意ジャンルがあるんですか？

はい。「売買」「賃貸」「管理」などに分かれます。売買のみを行っている不動産屋さん、オーナーに代わってその物件の管理を行う不動産屋さんなどがあります。これらすべてを行

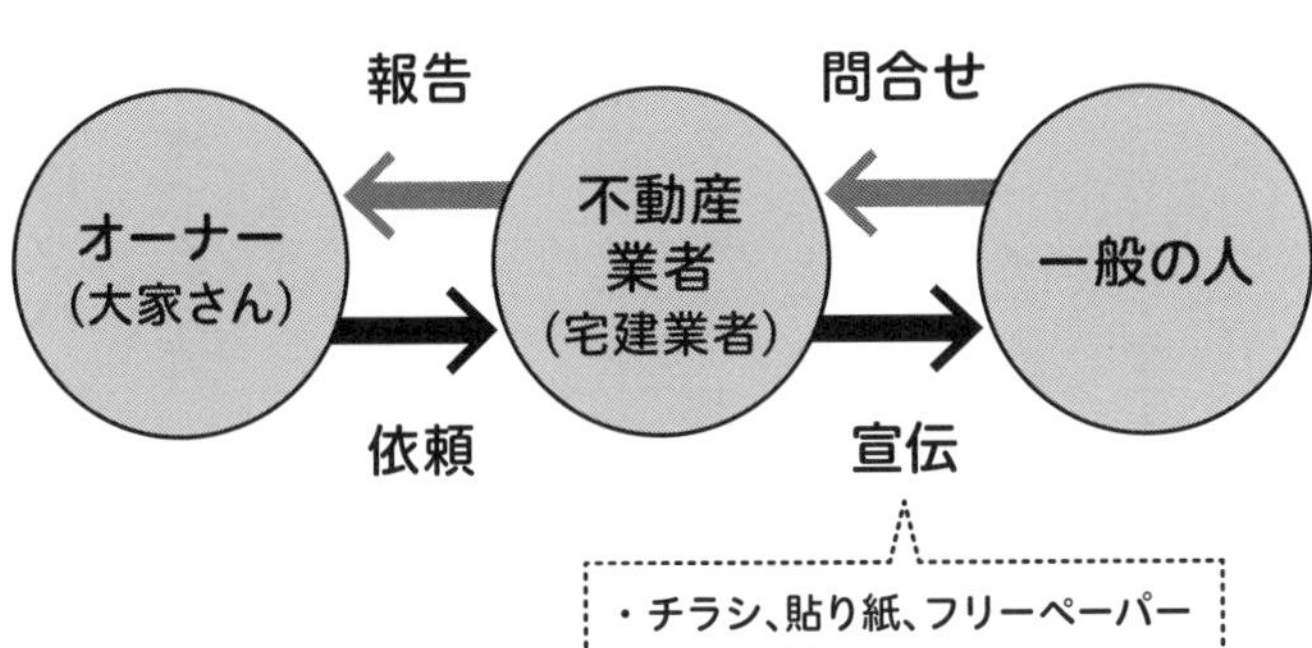

う不動産屋さんもいます。

「家を買う」流れ、関わる人

家を買う場合に関わるのはどんな人たちですか？

ここでは、一般的な、新築の戸建てやマンションを買う流れについてお話ししますね。まず、**新築ではいわゆる街の不動産屋さんは登場しません。**

えっ、そうなんですか!?

■「デベロッパー」ってなんですか？

家を建てる源流、つまりおおもとには**「デベロッパー」という、不動産を開発する専門業者**がいます。

デベロッパー？

商業施設やリゾート開発、大規模な宅地[*]造成、再開発事業、そしてマンション開発などを行う業者です。建物を建てるための場所を確保、つまり土地を購入し、開発の構想を作る会社、というイメージです。

■「ゼネコン」が工事する

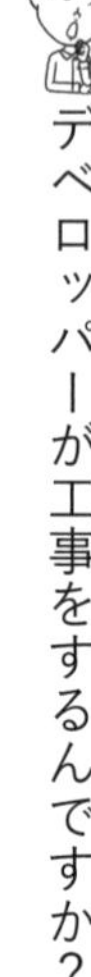

デベロッパーが工事をするんですか？

いえ、デベロッパーは主に「企画・開発を構想し、実行する会社」と捉えてくださ

＊「宅地」とは、建物の敷地のために使用される土地のこと。

い。実際の工事は、「**ゼネコン**」が請け負います。「ゼネラルコントラクター（General Contractor）」の略で、「総合建設業者」です。

ゼネコン……名前は聞いたことがあります。

工事現場の看板で、「○○組」「○○建設」って見たことはありませんか？

あります。

とくに規模が大きなスーパーゼネコンです。デベロッパーがゼネコンに依頼して建物を建てることを「**施工**」といい、**そうして完成した新築の住宅は基本的に、街の不動産屋さんを通さず、デベロッパーもしくはデベロッパーの関連会社などから一般の人に売られます。**

「家は街の不動産屋さんから買うもの」とばかり思ってましたが、違うんですね。

■「ハウスメーカー」は戸建て建築に特化

新築の場合、もう1つルートがあります。「**ハウスメーカーから直接買う**」ルートです。

「ハウスメーカー」？「住宅のメーカー」ですか？

はい。企業名に「ハウス」「ホームズ」がつく会社が多いです。デベロッパーとの違いは、規模の大きさです。

デベロッパーは、「商業施設やマンション開発」でしたよね。

はい。デベロッパーの仕事はとにかく大きい。1つのコンセプトを旗印にエリアを開発したり、駅直結のタワーマンションを建てたりなど「**街づくりをプロデュースする**」イメージです。

ハウスメーカーはそれより規模が小さい？

新築物件ができる2パターン

	パターン①	パターン②
企画	デベロッパー 大規模なマンション開発・街づくり	ハウスメーカー 一軒一軒の家づくりに特化
建てる	ゼネコン（発注）	ハウスメーカー
販売	デベロッパー 販売会社（代理）のことも	ハウスメーカー 不動産業者が仲介することも

そう思っていただければ。**ハウスメーカーのメインの仕事は、その名の通り「新築の戸建て」を造ること**。社内で戸建ての規格化がされているため、住宅の企画から設計、施工まで、ハウスメーカー内ででき、建てるのが速いんです。戸建てを建てることに特化しているのがハウスメーカーと思ってください。地域密着色がより強くて小規模な会社は「**工務店**」と呼ばれたりもします。

僕たちがもし新築を買うとすれば、デベロッパーかハウスメーカーから直接買う、という2択になると。

一般的にはそうですね。ただし、大規模なタワーマンションなど戸数が多いマンションで

は、自分たちだけで売るのは大変なので、「販売代理会社」に依頼して行うこともあります。これが先ほど言った「関連会社などから売られる」パターンですね。

「管理組合」と「管理会社」はどう違う？

分譲マンションを購入する場合、部屋を買ったあとに関わってくるのが「**管理組合**」と「**管理会社**」です。

その2つは違うものなんですか？

違います。まず、分譲マンションを買うと、購入者はそのマンションの**区分所有権を持つ**「**区分所有者**」になります。そして、そこの「管理組合」に入ることを求められ、入ると「組合員」になります。なので、管理組合は区分所有者で構成され、自分たちが所有するマンションの維持管理や健全な運営を目指すグループということです。

管理組合には絶対入らないといけないですか？

はい。「建物の区分所有等に関する法律」略して区分所有法で定められています。

法律……

「マンションにまつわることはすべて管理組合の理事会で話し合って、『総会』の場で決めましょう」と定められているんです。

ザ・民主主義ですね。

いろんな住民が集まって暮らしているので、「多数決などの平和的なルールで物事を決めて、住みよい環境を目指そう」という考え方です。

けど、実家はマンションですが、親が会合に出ていた記憶はないです……

そういう人も大勢いるでしょう。**「組合員全員が参加する」のも現実的ではないので管理組合で選出された理事で集まり、運営されている**のがその実だと思います。それに、理事は輪番制が多くて、大規模マンションだとなかなか回ってこないですし。

けど、将来もしマンションを買ったとき、「自分たちのマンションだから自分たちで管理しよう」とはいえ、マンションの掃除とか雑用を頼まれるのはちょっと……

それは心配しなくて大丈夫。そういったマンション管理の実作業は多岐にわたり、専門知識も必要なので、住民だけですべて行うマンションは少ないですから。

(ほっ)

なので、**管理組合は外部の「管理会社」と管理委託契約を結んで、業務を委託する**んです。

ここで管理会社が出てくるんですね。

管理組合と管理会社

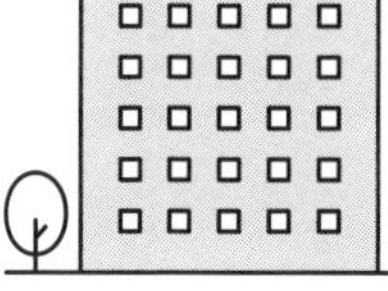

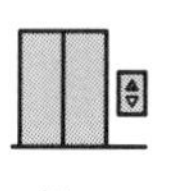

管理会社は、さらに協力業者に一部を再委託してマンション管理を行います。

協力業者に再委託？

床洗浄機を使った大掛かりな清掃や、機械式駐車場や消防設備の点検などですね。たまに、エレベータの点検とかしていませんか？

あ、たまに見かけます。

管理組合が管理会社に管理をお願いし、管理会社がエレベータの専門業者に点検業務を委託する、そして管理会社はその結果を理事会に報告する、という流れです。

「管理」がいっぱい出てきて混乱しそうです……

マンション管理は、24時間365日休みがありません。なので、管理組合が管理会社に委託料を払って任せている、と考えてください。そのお金は、**区分所有者が毎月支払う「管理費」の中から支出**されています。戸建ての場合は管理組合がないので管理費徴収はありませんが、その分自分で全部管理しないといけません。

お金をとるか手間をとるか……

そうなんです。マンションの場合、管理組合や管理会社がしっかりしていれば、トラブルを防ぐチェックもトラブルが起きたあとの処理もすべてお任せできるとも考えられます。これは、私が戸建てよりもマンション派な理由の1つです。

なるほど。戸建てはメンテナンスの必要性を自分たちで見極めるところからしないといけないんですね。

いずれにせよ、管理組合がしっかりしているかどうかで、マンションライフの質は大きく変わります。**管理組合が機能しているかどうかは、掃除が行き届いているか、電球がチカチカしていないか、管理員さんの応対はどうかなどでわかります**よ。

「賃貸」のメリット・デメリット

ここまで、住宅の基本的なことを聞いてきましたが、僕の一番差し迫った問題、「次の家は賃貸か購入か」の答えがまだ見えてきません……

それぞれ一長一短がありますから、ここで整理してみましょうか。

お願いします！

まず賃貸のいいところは、**身軽に移動できること**。近所にモンスター住民がいても、最悪引っ越せばなんとかなります。また、転勤が多い人にはうってつけの住み方です。日々のメンテナンスもオーナー任せ。**天災でダメージを受けたり、倒壊したりしても、また次の家を借りればいい**。このメリットは強調したいですね。

賃貸だと、家族が増えたり子どもが成長したりしたとき、家族のサイズ感に合わせて動きやすいですよね。

はい、「**移動しやすい**」というのはとても大きな利点です。あと、家を所有しているわけではないので、「家の相続問題」とも無縁。要は、**あらゆる面で手間がかかりません**。

では、賃貸のデメリットは？

分譲マンションと比べると、専有部分も共用部分も全体的に**ワンランク下がる**点です。

えっ、そうなんですか!?

オーナーから見ると、賃貸物件は投資の対象。だからどうしても安さ追求型になり、グレ

「賃貸」のメリット・デメリット

メリット	•「移動」しやすい＝ライフスタイルに合わせやすい •「災害」に対応しやすい •「いろんなところ」に住める •「戸建て」も借りられる（p102参照）
デメリット	•「自分のもの」にならない •「分譲マンション」のほうが造りがしっかりしている • 共用施設・設備・セキュリティも分譲マンションに軍配が上がる • 傷つけられない・汚せない •「リフォーム」など気兼ねなくできない •「60〜65歳以上」になると借りにくくなる •「税金面での優遇」がない

ードはそこそこに落ち着いてしまいます。

セキュリティ面でも同様です。

防犯面も含めて、設備や施設という点で分譲に軍配が上がる、と。

また、あくまでオーナーのものなので、なるべく汚さないようにしないといけません。

子どもがいると、親は気を遣います……

そもそも、子ども不可で借りられない可能性もあります。それに、どれだけ長い間借りていても、最後まで自分のものにはなりません。「レンタル」です。

それが最大のネックですね。

税金面でも、**家を買うことに対する特例は多いのに、家を借りることに対しては優遇がありません。**要は「税金面で得することはない」と覚えておいてください。

「持ち家」のメリット・デメリット

じゃあ、「持ち家」のいいところと悪いところを教えてください。

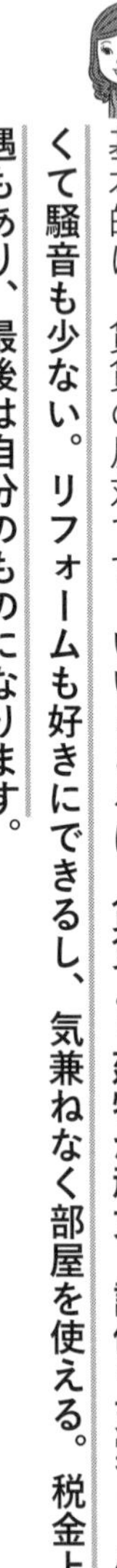

基本的に、賃貸の反対です。いいところは、**賃貸より建物が頑丈。設備も充実し、壁も厚くて騒音も少ない。リフォームも好きにできるし、気兼ねなく部屋を使える。税金上の優遇もあり、最後は自分のものになります。**

「自分のものになる」というのはやはり大きいですね。

賃貸の場合は、そうはいきません。10年以上、同じ賃貸物件で暮らしていたら、「結局合計で2000万円を賃料として払っていた」ということも。「それなら、同程度の物件を探して、買っておけばよかった……」という見方もできます。

では「持ち家」の悪い点は？　これも賃貸と真逆？

基本的にはそうですね。いったん購入すると、周囲とトラブルがあっても**気軽には引っ越せない**。それに、隣に「困った人」が突然入居する可能性も。

それは、こちらではコントロールできないですね……

あと、持ち家は**天災で被害に遭っても自己責任**。たとえ地震保険に加入していても、失った家を取り戻せるような額はもらえません。とくに戸建ては、構造的に住めなくなるほどの被害を受ける可能性も。

じゃあ、地震で持ち家が倒壊して住めなくなった人って、そのあとどうなるんですか？

持ち家がある人のほとんどが「住宅ローンを組んで購入」していますよね。数千万円単位のものを、一括で払える人って少ないですし。

それはなんとなくわかります。

で、**住宅ローンは、家が倒壊して住めなくなっても、返済の義務は基本的には残る**んです。

……

住宅ローンは借金です。家に住めなくなったからといって、その負債が消えるかといえば別の話。たとえ被災して無一文になっても、返済義務は残ります。

でも、家が壊れたらどこで暮らすんですか？

新たに家を借りるか、買うかです。実際、知人のKさんは、新築物件の引き渡し日の翌日に阪神・淡路大震災で被災しました。新築の家は柱などに被害が出て住めない状況。Kさんは新築のローンを払いながら実際に暮らすための賃貸を借りることになり、二重支払いを抱えることになったそうです。

……所有することのとんでもないリスクを知りました。

ただし、**持ち家のローンを返済したあとは家計が急激に楽になります**。戸建ての場合、家まわりで必要なお金は、固定資産税と修繕やセキュリティの費用くらい。マンションの場合も、固定資産税と、管理費や修繕積立金くらいです。

賃貸だと、死ぬまで家賃を払わないといけないですよね。住居費が0に近づいていくことを思うと、毎月のローン返済も少しポジティブにとらえられそうです。

持ち家は「価値」が変わる

持ち家には夢もあります。

夢、ですか……？

皆がそうなるわけではないですが、「**買ったとき以上の価格で売れる可能性**」もゼロではありません。つまり、家を売って儲けられるかもしれないんです！　そうなれば、それまでの住居費は実質タダだったことになります。

え、「買ったとき以上の価格」ってどういうこと？

持ち家のあるエリアで再開発が始まったり、新駅誕生が発表されたりしたとき、土地の価値が上がり、それに合わせて物件価格が上昇することがあります。また、築古のマンションを買ったところ、数年後に建て替えが決定し、新築に住めることも。それに、退去してもらう代わりに、「新しく建てるマンションの一室に住む権利をあげる」と交渉されたり……。いわゆる「立ち退き」に対しての見返りが発生することもあります。

立ち退きって実際あるんですか？

「持ち家」のメリット・デメリット

メリット

- 「自分のもの」になる
- 「頑丈な家」に住める
- 「リフォーム」など自分好みにできる
- うまく売れれば「収益」をあげられる
- 「住宅ローン控除」（p168、313参照）など税金面で優遇がある
- 住宅ローンを返し終わったら、家計が楽になる
- 「リバースモーゲージ型住宅ローン」（p191参照）「親子リレー」（親子で住宅ローンを組む）など色々な買い方ができる

デメリット

- 「移動」がしにくい
- 「維持管理」にお金がかかる
- マンションなら「管理組合」、戸建て（借家でも）なら「自治会」「町内会」の活動に手間を取られることも
- 自分で売らないといけない（手間がかかる）
- 売る前に自分できれいにしないといけない
- 「天災」に遭っても自己責任
- 新築住宅増×人口減で、売っても買い手がつかないことも（資産でなく負動産になる可能性）
- 「相続問題」が起こることも

東京の月島などがいい例です。以前は小さな戸建てが密集していましたが、タワーマンションが建ち並び始めました。昔から住んでいた人は、家を取り壊す代わりに立ち退き料をもらうなり、タワーマンションに無料で入居するなりされたんです。

愛着ある家を手放すのは辛いかもですが、新築に住めるなら……僕なら住みます。

ねらってできることではないですけどね。持ち家と賃貸のメリット・デメリットをざっと把握したうえで、ご自身の住居の将来設計をぜひ立ててほしいと思います。

ライフスタイルの変化を想定して、家を決めるべきですね。ある程度家族の人数が固まるまでは身動きが取りやすい「賃貸」がいいように思いました。家を買うと身動きが取りづらいとのことですし。

そうですね！　でも、家を持っていても、そこから違う家に住み替えることは全然可能ですよ。

その方法も、具体的にぜひ知りたいです！

その前に、梅田さんは「敷金」と「礼金」の違いって知っていますか？

賃貸の話ですよね？　どちらも前払いするお金で……違いはわかりません。

ではまず「賃貸の基礎」を押さえましょう！　家との最初の付き合いが「購入」という人は滅多にいません。言うなれば**賃貸は誰もが通る道**。住宅の基礎が詰まっているんです。いわゆる住宅すごろく順に知っていけば、家のことがスムーズにわかるはずです！

なるほど。僕たちも次、賃貸の可能性があるので、賃貸の基礎を教えてください！

確認TEST

この家の「間取り」は？

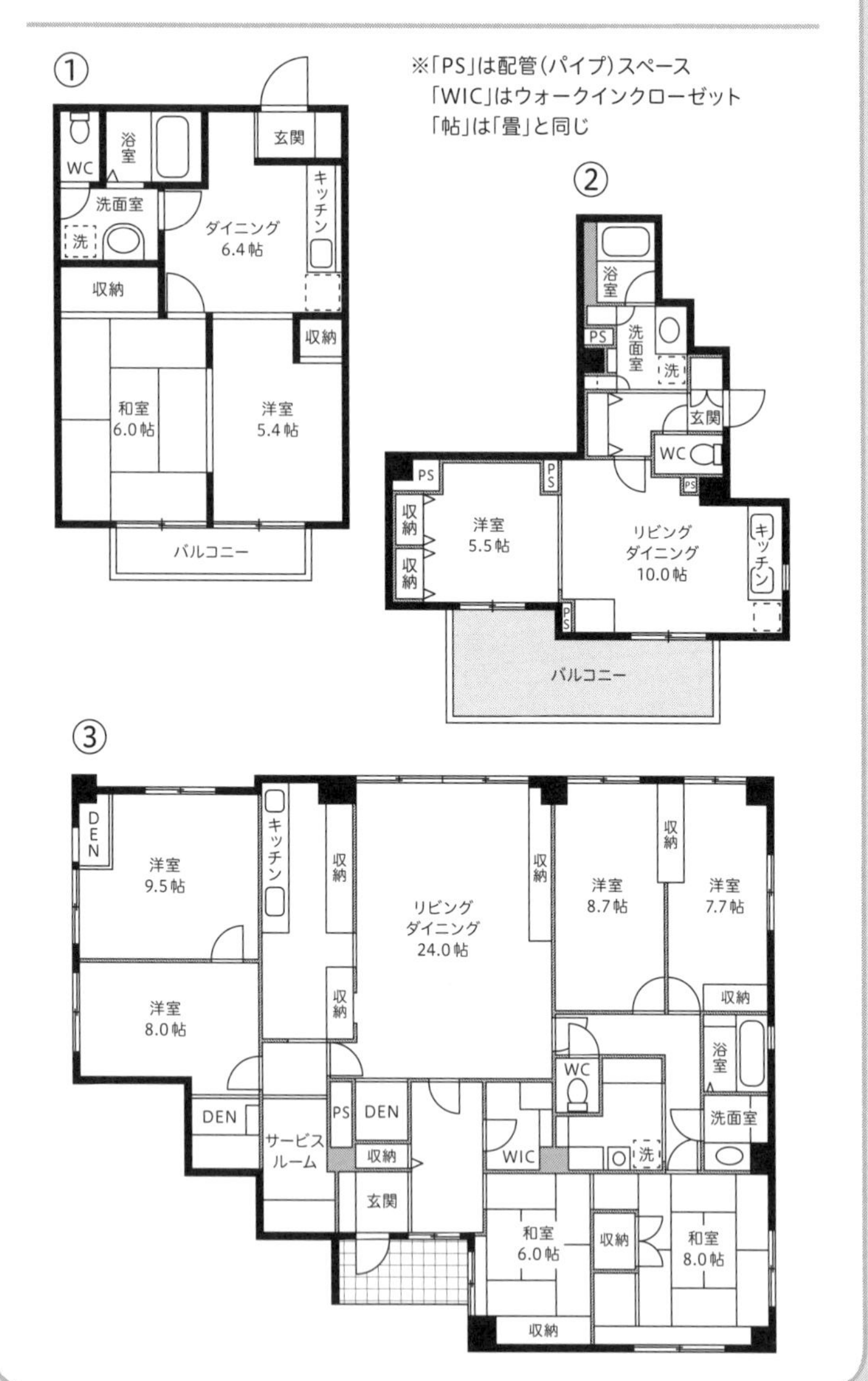

答え：①2DK ②1LDK ③6SLDK

1 章

敷金・礼金ってなんですか？

賃貸についての話

「不動産屋さん」を街でよく見る理由

そういえば、疑問に思っていたことがあるんです。

なんですか？

賃貸といえば街の不動産屋さんに行くイメージがあるんですが、どのエリアにもありますよね。なぜあんなにいっぱいあるんですか？

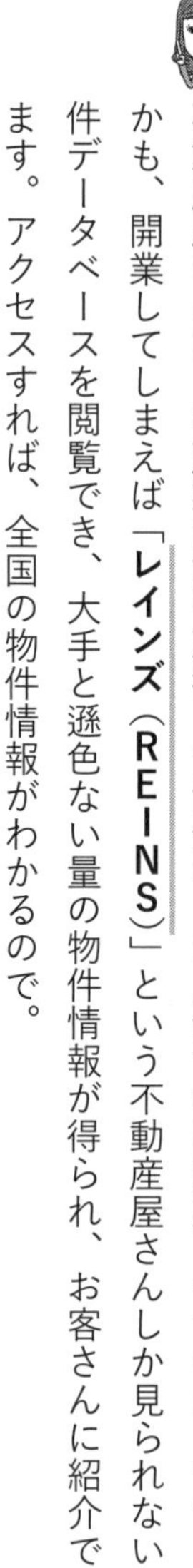

不動産屋さんは、宅建業免許を取得して協会などに入会すれば開業しやすいからです。しかも、開業してしまえば「**レインズ（REINS）**」という不動産屋さんしか見られない物件データベースを閲覧でき、大手と遜色ない量の物件情報が得られ、お客さんに紹介できます。アクセスすれば、全国の物件情報がわかるので。

レインズ？

「Real Estate Information Network System（不動産流通標準情報システム）」というサイトの略です。不動産屋さんのカウンターで条件をいうと、「この物件なんかどうですか？」と間取りや写真が載った紙を渡されますが、あれはレインズでどんな物件があるかを見て印刷してるんですよ。

その不動産屋さんでしか得られない情報かと思ってました。

情報量が膨大かつ日々更新されるので、「地元の物件を具（つぶさ）に見ている」などで紹介される物件に違いは出ます。とはいえ、情報量で差がつきにくいので新規参入しやすいのが宅建業。加えて、地域に根付けば手堅く稼げる専門職でもあります。

手堅い？

宅建業とは、いってしまえば「手数料ビジネス」です。仕入れ不要にもかかわらず、**契約のたびに仲介手数料が入るので**。たとえば賃貸マンションのオーナーから信頼を得られれば、賃貸契約をするときやその数年後に更新契約をするとき、手続きを行うだけで手数料を受け取れます。

手数料って、そんなに儲かるんですか？

はい。賃貸だと、賃料の1か月分と消費税。賃貸マンション1棟だと契約数が多くなり、更新料も加わってまとまった額になります。

たしかに、マンションだと1棟に何人も住んでいるから、必然的に多くの手数料が入ってきそうですね。

しかも、契約書は国土交通省や業界団体のフォーマットがあり、同じ建物を何度も取り扱うのであれば基本情報は使い回し、最新情報の確認と間違いがないかチェックするだけ。だから、**地域の地主や不動産オーナーとつながっていれば、安定した収入が見込める**んです。梅田さんは「片手仲介」「両手仲介」という言葉をご存じですか？

？？？

片手仲介・両手仲介とは？

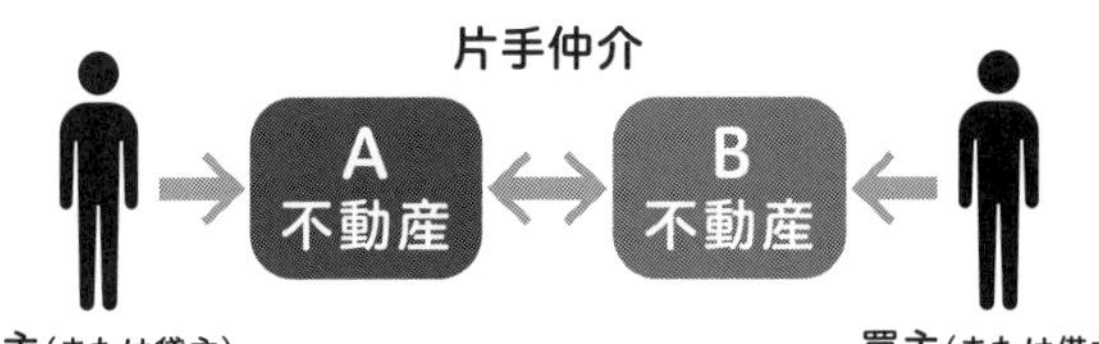

「片手仲介」と「両手仲介」がある

「片手仲介」とは、売主、買主それぞれに別の不動産屋さんがついて、それぞれが「顧客のメリット」を優先して取引することをいいます。「売主を仲介した不動産屋さん」「買主を仲介した不動産屋さん」、一方ずつに仲介手数料が入るため、「片手仲介」と呼ばれます。

なるほど。

一方「**両手仲介」は、所有者から売却依頼を受けた不動産屋さんが、みずから買い手を見つけてくること**をいいます。つまり「売却依

頼を受けた不動産屋さん」が売主、買主、双方の仲介業務を受け持つんです。すると、1つの不動産屋さんに双方から仲介手数料が入ります。賃貸の場合も、借主・貸主の双方から手数料が入ります。

不動産屋さんからすると、両手仲介が圧倒的に得なような……

はい。なので**地域密着型のキャリアの長い不動産屋さんは、親しいオーナーからの物件依頼が多く、「両手仲介」になることが多い**んです。街の不動産屋さんはどっしり構えていて、いつの時代も食いっぱぐれのない商売、なんて言われることもある所以(ゆえん)ですね。

そういうカラクリがあったとは。

それと、前に話したように不動産屋さんによって得意ジャンルがあって、「売買が得意なところ」「賃貸が得意なところ」「賃貸管理が得意なところ」の3つに大別されます。これも、不動産屋さんがたくさんある理由の1つです。

でも、不動産屋さんの数が増えたら、ライバルが増えて競合しませんか？

いえ、うまく棲み分けできているので、バッティングしにくいんです。たとえば賃貸の仲介ひとつとっても、「住宅向け物件」か「事業所向け物件」かで分かれますから。

事業所向けは、事務所や店舗などのテナントですか？

はい！　住宅向けより事業所向けのほうが、賃料は段違いに高いです。当然、手数料の額も多くなる。だから、地価の高いエリアの「事業所向け物件専門」の不動産屋さんは、とくに経営が安定しています。借主がつく限りは、の話ですが。

「ネット非公開物件」を扱っていることも

けど、街の不動産屋さんってどこか入りづらくて……それに、今はスマホで簡単に物件を検索できるので、リアルな不動産屋さんのお店には行かなくてもいいですか？

梅田さんが言っているのは「SUUMO（スーモ）」「LIFULL HOME'S（ライフルホームズ）」「アットホーム」ですよね。

はい！　CMでよく見ますよね。不動産屋さんじゃないんですか？

はい、先に挙げた3社は**基本的には不動産屋さんの物件情報を集めて見やすく掲示しているポータルサイト**です。どこの不動産会社も掲載できるし、24時間・誰でも見られる点が大きな強みです。でも、街の不動産屋さんは地元に根づいているので、やっぱり強い。「**ネット非公開物件**」を懇意のオーナーから預かっていたりするんです。

非公開物件？　なぜ宣伝しないんですか？

売却活動していることや価格がバレてしまうからです。

え、バレるとまずいんですか？

たとえば、自分が住んでいる物件を売りに出すとなり、不動産サイトに募集広告が出たとします。たまたま知人が見たとしましょう。「あの人、これくらいの値段の家に住んでいるんだ」と思われるのが嫌な人もいます。

たしかに、知人なら写真を見て気づくかも。

それに、公開することで同じマンションの人にも売却活動していることがわかりますし、賃貸募集でも「ほかの部屋より○万円も安く募集している」と気づかれることも。だから非公開物件として不動産屋さんに仲介をお願いするんです。

サイトに載っている情報がすべてと思わず、住みたいエリアが決まっていたらそこを訪ねてリアル不動産屋さんに行くのもありですね。

その通り！　あと、**不動産サイトに掲載する前の「新着物件」もあります**よ。ネットに載せる場合、図面を起こしたり、手続きにどうしても数日かかる。そのタイムラグを短縮できるのも、街の不動産屋さんの魅力です。お宝物件に出会える可能性があります。

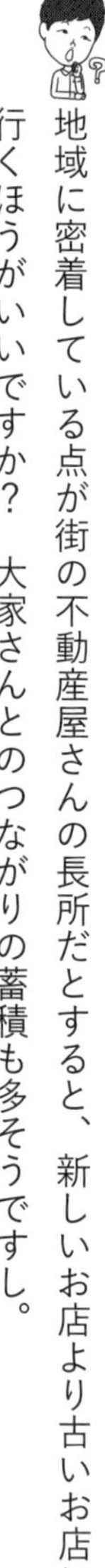

地域に密着している点が街の不動産屋さんの長所だとすると、新しいお店より古いお店に行くほうがいいですか？　大家さんとのつながりの蓄積も多そうですし。

その傾向はあります。また、小規模でも地域に密着して「大家さん人脈」を大事にして手堅く稼いでいるお店もあります。ただ新しいお店でも熱心にオーナーをたくさん獲得していたり、レインズを見て親身に対応してくれたりすることもあるので、「**まずはリアル店舗に行ってみる**」のをおすすめします！

「一軒家」を賃貸できる

ちなみに「賃貸」というと、梅田さんはどんなイメージがありますか？

マンション住まいです。

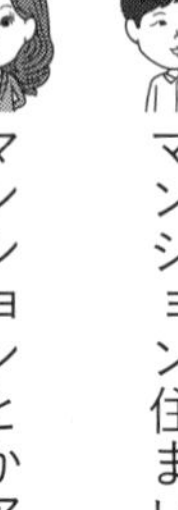

マンションとかアパートですよね。そこに一軒家、つまり戸建ても加えてください。

え？　戸建ても借りられるんですか？

はい！　**戸建ての賃貸物件も存在します**。都会だと、土地の効率上、集合住宅のほうがオーナーには都合がいい。けれど、「もともと戸建てに住んでいて、賃貸でも戸建てがいい」人もいれば、「戸建てに住んでいて、期間限定で貸したい」人もいます。供給量は少ないですが、ニーズは高く、安定した人気があるのが、「戸建て賃貸」なんです。

「一軒家＝購入するもの」とばかり思っていました……

「分譲賃貸」ってなんですか？

と言いつつ、やはり賃貸といえばオーソドックスなのは「マンション」。マンションには「**分譲マンション**」と「**賃貸マンション**」、そして「**分譲賃貸マンション**」があります。

えーっと、分譲マンションは「購入する」でしたよね。分譲賃貸マンションって……どっちですか？

まず、分譲マンションは、賃貸マンションよりグレードが高いのは先述の通り。壁が厚く、床暖房などの設備がついていたり、共用部分には管理員さんやコンシェルジュが常駐していたり、防犯システムが装備されてセキュリティが強かったり……。そんな**分譲マンションを、所有者が住まずに貸し出している物件が「分譲賃貸」です。**

つまり、分譲用のマンションに賃貸で住める、という物件？

はい！「住んでいた人が転勤などで突然住めなくなったため、その間、賃貸に出す」というのがよくあるパターンで、オーナーが投資目的で物件を買い、賃貸に出していることもあります。物件のグレードや広さ、立地のわりにリーズナブルなことが多いです。

ぜひねらいたい！

ちょっとお待ちを！持ち主都合で賃貸市場に出るので、常に出回っているわけではありません。それに、**「2年間のみ」などの契約期限がついていることもある**んです。

え、2年経ったら出ていかないといけないんですか？

はい、そのように期限が決まっている賃貸物件を**「定期借家」**と呼びます。ただ、期間が限定されている分、相場より家賃が安いことが多いです。**相場の1～2割引くらいの賃料でしょうか。**

分譲に住めるのは嬉しいですが、分譲賃貸を見たら「住める期間に制限があるか」確認すべきですね。

はい。分譲賃貸の絶対数は少ないので、タイミングよく出会えればラッキーですが、条件は必ずチェックしてください。

「徒歩5分」は8分かかる

ちなみに物件情報で「駅から徒歩○分」という時間が書かれていますが、あれって信じていいんですか？　歩くスピードによりませんか？

不動産広告では徒歩所要時間を表示する場合、**徒歩1分が80mに相当する**と決められています。時速でいえば4・8㎞なので「ちょっと早歩き」のスピードですね。

けど、信号待ちとかでずっと歩いているわけではないですよね？

はい、信号や踏切の待ち時間、坂道などによるスピードダウンは考慮されていません。荷物が重かったりすれば、もっと時間がかかります。なので、実際は**表記時間＋3分くらい**を見ておいてください。

徒歩5分ならプラス3分で「8分くらいかかる」と思っておけばいい、と。

「UR」ってなんですか？

あ、そうそう、賃貸といえば「UR」って聞いたことありますか？

CMであります。あれって賃貸の話なんですか？

URは、独立行政法人都市再生機構（Urban Renaissance Agency）の英語略称です。かつては「公団」と言われたりもしていました。

公団……公的な団地、ですか？

公的な賃貸住宅のことで、URが管理する賃貸住宅です。全国に約72万戸もあるんですよ。

普通の賃貸住宅とは、何が違うんですか？

建物の敷地が広々としていて、1つひとつの部屋も広めなことが多いです。また公的なので、空きがあれば、ほとんどの部屋は無抽選の先着順で入居することができます。

お金の面ではどうでしょう？

礼金、仲介手数料、更新料、それに保証人は不要で、**子育て世帯の「子育て割」や35歳以下の「U35割」などの対象となれば、契約更新ができない代わりに通常より家賃がお得になるプランもあります。**以前は駅から遠かったり、設備が古いイメージが強かったのですが、タワーマンションや新しくてきれいなUR賃貸住宅が登場したり、リノベーションで間取りや設備を改修した部屋も増えていて、最近はイメージが変わりつつあります。人気が高くてなかなか入居できなかったりもしているんです。

すみません、今出た「**礼金**」って、なんですか？

「敷金」「礼金」ってなにが違う？

そうでした！　まだ敷金・礼金の意味をお伝えしていなかったですね。

退去するときにどちらかが戻ってくる的なことを聞いた気がするんですが、うろ覚えなのでこの際、全部聞きたいです！

「敷金」は、物件を借りるときに大家さんに預ける担保のようなもの。あくまで担保なので、退去時に家賃の未払いやハウスクリーニング代などを払う約束がなければ返金されます。**一方「礼金」は、大家さんに支払うお礼。**なので返金はありません。

礼金は、その名の通り「お礼」なんですね。敷金・礼金って、それぞれどれくらいなんですか？

地域差がありますが、東京近辺の住居の場合、「敷金は家賃の1～2か月、礼金は家賃の

1か月」が平均です。

けど、たまに「敷金・礼金なし」って物件もありますよね。あったりなかったりするのはどうしてなんですか？

いわゆる「ゼロゼロ物件」は、早く入居者を決めて長期間の空室を避けるためのオーナーと不動産屋さんの努力と思っていただければ。

早く住んでほしい気持ちからのサービス、と。

デメリットもあります。注意したいのは、ゼロゼロの分、賃料に上乗せされていたり、敷金がない分、あとで部屋のハウスクリーニング代や原状回復費用を一括で支払わないといけないかもしれない点です。それに、**敷金がある物件は、掃除やメンテナンスが行き届いたきれいな状態で入居できる**と思っていただければ。

敷金があったほうが家がキレイ？

敷金・礼金とは？

敷金  **家賃の1～2か月分**	物件の担保代。 **家賃の滞納、修繕などがなければ退去時に戻ってくる。**
礼金  **家賃の1か月分**	物件所有者（オーナー）へのお礼金。**退去時に戻らない。**オーナーから不動産屋さんへの手数料に充てられることが多い。

敷金の有無は、自分が住む前の住民にも同様の設定がされていることがほとんど。なので、敷金あり物件なら、前住民の敷金から必要に応じてお金が使われているはずです。

なるほど。

「敷金・礼金を抑えたい」という心理を見透（みとお）してゼロゼロにするわけですが、入居時に最低限しか原状回復されていなかったり、設備が古かったりすることがあるので、「ゼロゼロの理由」は確認したほうがいいでしょう。

「共益費」は部屋によって違うことも

安さにつられちゃだめですね。そういえば、マンションを買ったら「管理費」を払うとのことですが、それって「共益費」とは違うんですか？

同じと思っていただければ。賃貸の場合、管理費は「共益費」と言われることが多いです。

ざっくり、「みんなで使う部分のメンテナンス料」で合ってますか？

はい！　「**物件の維持管理のために必要な費用**」で、たとえば共用部分の電気代や電球代、管理員さんの人件費や清掃代、水道代などです。基本はオーナーが自由に決めますが、**月額賃料の5～10％前後**に設定されるのが一般的です。それよりも割高な場合は、セキュリティが強化されているなど理由があるはずです。

オーナーさんが決めているんですね。

はい。なので、**同じマンション内でも一律でなかったり、入居した時期によって異なったりします**。

えっ!?　じゃあ、共益費が高いときに入居した人もいれば、比較的安めのときに借りられた人もいるということ？

そういうことです。分譲賃貸だと同じマンションでも部屋ごとにオーナーがいますし、1棟同じ大家さんのアパートでも物価上昇や経年とともに維持管理に必要なお金は変わりますから。

じゃあ、更新の際に共益費が上がることもある？

はい。ここで大事なのは、物件選びのときに家賃単独で見るのではなく、**管理費や共益費との合算額で比較する**ことです。

毎月払うのは「家賃＋共益費」ですもんね。「家賃が安い！」と思ったら小さい字で「共益費1万円」と書かれていてがっかりすることがあります。

あるあるですね。大きな字で「家賃8・5万円」、小さな字で「共益費1万円」と書かれた物件と、「家賃9・5万円（共益費込み）」と書かれた物件を比べたとき、「家賃8・5万円」のほうに注目してしまいますよね。そんな数字のマジックには気をつけてください。

「共用部分」と「専有部分」の境界
——部屋の水道管が壊れたら誰が負担？

共益費の話が出たところで、「**共用部分とそうでない部分の線引き**」について聞いていいですか？

共用部分と専有部分の線引きですね。

たとえば、部屋の下を通っている水道管が壊れて水漏れした場合、修理費は誰が負担するんですか？　以前、僕らの部屋の水道管から階下に水漏れしたことがあるんです……

経年か何かで壊れたんですかね？

おそらく。水道管そのものは部屋の下に通っていて、僕たちには影響を及ぼしようがありません。なんなら、前に住んでいた人のほうが長く使っていたかもしれない。幸い僕らの部屋は2階で下はマンションの入口だったので苦情はなかったのですが、管理会社に連絡したら「個人負担になる可能性がある」と言われ、正直納得できませんでした……

いわゆる水道管には、キッチンやお風呂、洗濯機などに水が送り込まれる「給水管」と、そこから排水される「排水管」がありますが、いずれも共用と専有の線引きが難しいんです。

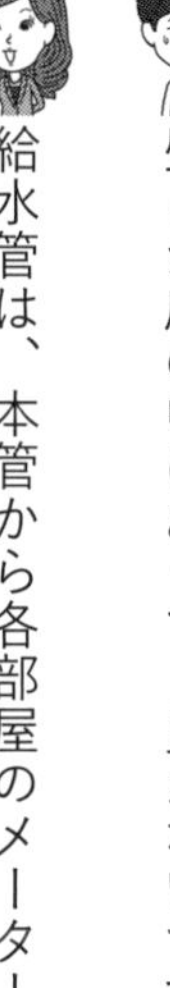

壁とか床の中にあって、見えないですしね。

給水管は、本管から各部屋のメーターを境にして、そこまで伸びている管は共用部分、そこから部屋に入る管は専有部分になります。排水管については、縦の排水主管と室内の排水横枝管とその接合部が共用部分、横に伸びる枝管を専有部分とするのが一般的です。

縦の管は共用、横の管は専有、という認識でOKですか？

大体合っています。

水漏れしたときに、業者さんが調査にきてくれたんですが、「いったい何を調べているんだろう」と思って見てました。

事故原因が専有部分にあるのか、共用部分にあるのか、見極めていたんでしょう。**「共用部分」が原因の場合、賃貸マンションならオーナーが、分譲マンションなら管理組合が責任を負います。「専有部分」が原因なら、責任は居住者か所有者に。もし水漏れ原因がわからない場合は、共用部分が原因とされます。**

僕らの場合、結局自己負担にはなりませんでした。

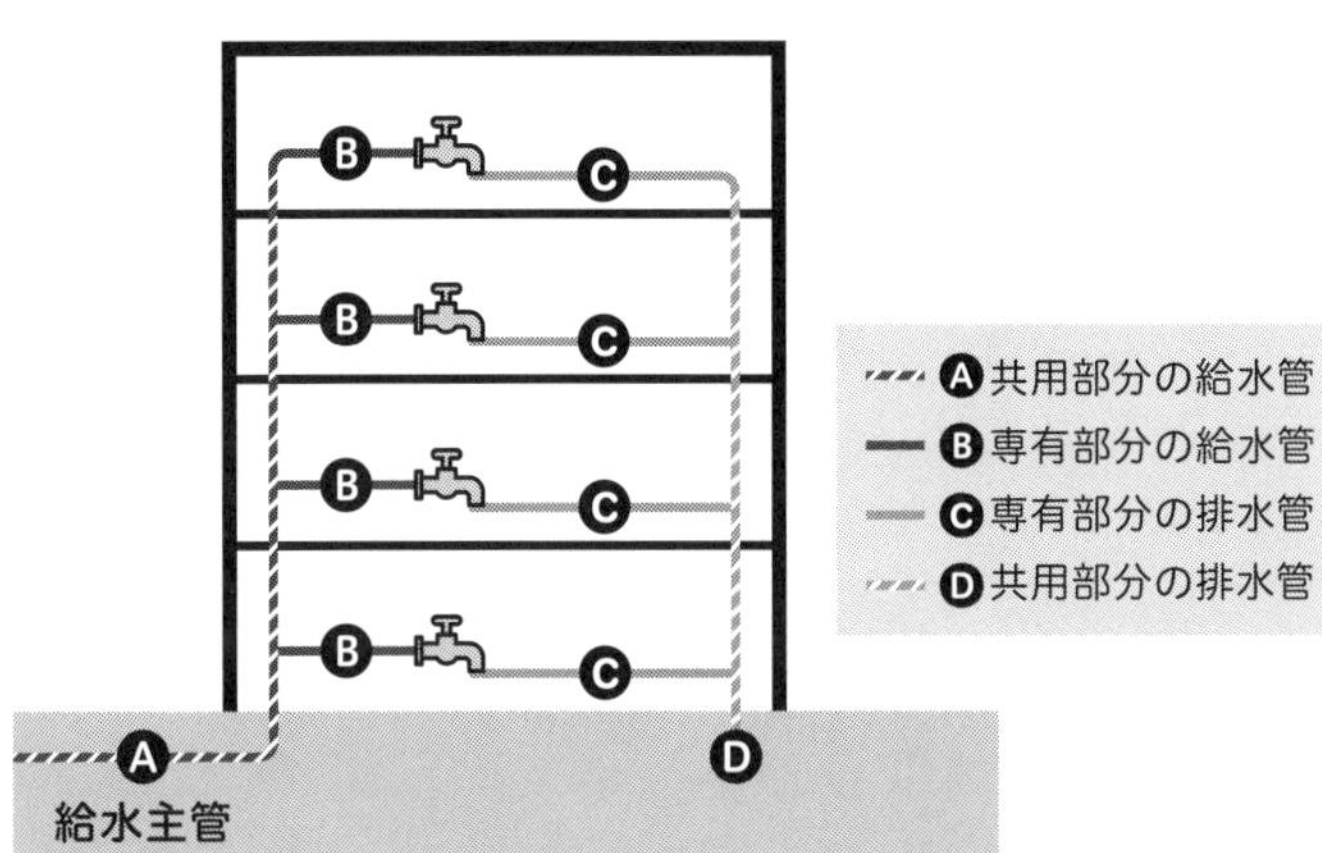

ということは、原因が共用部分もしくは梅田さんたち以外にあると見られたんですね。こういうアクシデントはいつ起きるかわかりません。そして修繕箇所が一部でも、床に穴を開けたり埋めたりしないといけず、修復費用が数十万円単位でかかることも。だからオーナーも借主も、火災保険や借家人賠償責任保険、管理組合ならマンション総合保険などに加入しておくことが大事なんです。

家に問題が起きたとき、責任の所在を調べる必要があるから、なんでも自分で解決しないほうがいいですか？

はい。たとえば「外から飛んできたボール」で窓ガラスが割れた場合、「外部からの侵入」

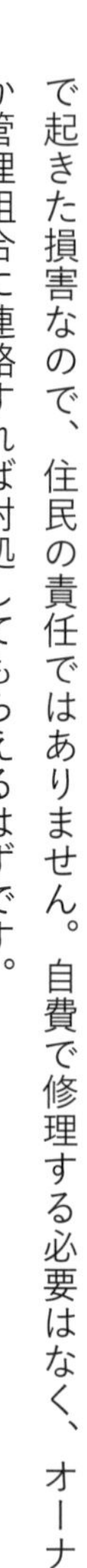

で起きた損害なので、住民の責任ではありません。自費で修理する必要はなく、オーナーか管理組合に連絡すれば対処してもらえるはずです。

よくアニメで、ボールが家の窓を直撃して怖いおじさんが怒って出てくるシーンを見ましたが、そのおじさんたちも自費で修理する必要はないということ？

戸建ての場合は別です。管理組合がないので。保険に入っていなかったり、相手側に請求しない限り、自費になるでしょうね。

改めて、戸建ては自分の身は自分で守らないといけないということですね。

マンション住まいなら、トラブルが起こったらオーナーや管理組合にまず相談しましょう。保険対応などで無償で修理してもらえることも多いので。

1階の木を伝ってアリが部屋内に……でもベランダの枝を切るのはNG

外部からの侵入といえば……また我が家の事例ですが、アリの大群がマンション1階に植わっている木を伝って、ベランダから部屋の中に入ってきたことがあるんです。

ア、アリですか……

枝がベランダにかかっていて、そこからアリが侵入してきたようなので、ベランダに伸びてきている枝を切ろうかと思っているんですが。

ちょっとお待ちを！　**賃貸にせよ分譲にせよ、マンション敷地内の植栽を勝手に切るのは絶対にNGです。**それが、**自分の敷地内に入ってきていたとしても**、です。

邪魔だし、またアリが来るのは勘弁なんですが……

お気持ちはわかりますが、民法第233条第1項ではこう定められているんです。「隣地の竹木の枝が境界線を越えるときは、その竹木の所有者に、その枝を切除させることができる」

「切除させることができる」って、自分で切っちゃダメってこと？

木の所有者である管理組合やオーナーに、梅田さんが枝を「切ってほしい」と相談するのは可能です。でも、**梅田さんが切ると、違法なんです。**

……本当に「外から入ってきたものは、勝手に処理しちゃダメ」なんですね。

はい。ボールもアリも、「自分たちの空間に外部から入ってきたもの」。それに自己責任でスピーディに対応しては、逆にダメなんです。そもそも植栽には、定期的な剪定（せんてい）や消毒が必須です。ただ、法的な義務はないので、それを怠ってしまう管理組合も。だから、なおさら被害が出たら、声を上げなきゃいけないんです！

（なんか熱い……）

居住者の立場でいえば、管理費や共益費が低いからラッキーとは限りません。実際、植栽の手入れにかける経費を抑えたがために、害虫が大発生してしまった管理組合から相談を受けたことがあります。

「低層階」は防災面でいい

そもそも、僕が木の枝が届く2階に住んでいるからアリ被害に遭ったわけですよね。これも低層階の宿命なんでしょうか……家賃って、高い階になればなるほど高くなるイメージですが、やっぱりそうですか？

基本的にはイエスです。でも**最近は専用庭で家庭菜園をしたり、地震対策などの観点から低層階も人気があります**。タワーマンションの高層階から地上に避難したり、在宅避難でも食料調達などで階段を上り下りしたりするのは大変ですから。

ということは、値段差はなくなってきているんですか？

以前と比べると高層階神話が弱まってきて、賃料も価格も大きな差がなくなってきている感じでしょうか。梅田さんはどっちがいいですか？

高所恐怖症なので、全然高い階じゃなくていいです。

そういう人もいますよね。あと、低層階には共用部分が当てられている物件もあります。たとえば、エントランスやコンシェルジュカウンター、駐車場、駐輪場、スポーツジム……。分譲マンションでは「居住用の部屋は2階や3階から」というところもあり、そもそも低層階に住むところがない物件も増えているんです。

「デザイナーズマンション」ってなんですか？

賃料が高くなる要素はほかにもありますよ。たとえば、**「デザイナーズマンション」とう**

たわれた物件も賃料が高めですね。

デザイナーズマンションってなんですか？　デザイナーさんがデザインしたってことですか？

明確な定義はないのですが、ざっくり「**名前の知れた建築家さんがデザインに携わった**」という意味です。個性的だったり、モダンだったり、「**見た目にとことんこだわったおしゃれなマンション**」と理解してください。

けど、ほかより賃料が高くなれば、それだけ借りられにくくなりますよね。

一般的にはそうですが……持ち主からすると、何より避けたいのは「借り手がつかない状況」。**だから少しでも付加価値をつけて、ほかの物件と差別化して目立たせたい**んです。「多少高くてもおしゃれなマンションに住みたい」という人に引っかかってくれれば、という意図で造られているんでしょう。

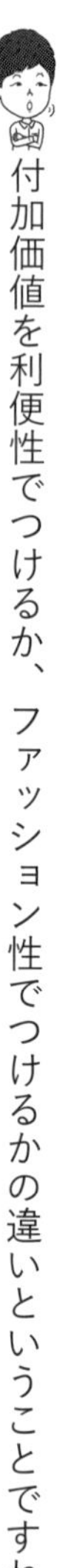

付加価値を利便性でつけるか、ファッション性でつけるかの違いということですね。

「南向き」にこだわらなくていい

あと、部屋の向きはどうでしょう？　「南向き」の部屋が高いイメージです。

はい！　人気は南向き・東向き・西向き・北向きの順。なので南向きの部屋は家賃が高くなります。南向きが人気なのは、ずばり「日当たりがよさそうだから」です。

「よさそう」って、実際南向きは日当たりがいいんじゃないんですか？

うーん、私の意見としては、**そんなに方角を気にしなくてもいい**と思っているんです。

どうしてですか？

「洗濯物を外干しする家庭」ならたしかに南向きは魅力でしょう。でも乾燥機や部屋干し派なら、気にしなくていいはず。それに共働き夫婦で「家に寝に帰るだけ」なら北向きがおすすめ。日中は部屋にいないですし、家賃は安いはずなので。

方角と生活は必ずしも結びつかないから、南向きがその人のベストとは限らないと。家賃はどれくらい違ってくるんですか？

北向きの部屋を基準に考えると、西向き、東向き、南向きの順で、月額家賃が２０００円ずつプラスされていくイメージです。

最大６０００円近く違ってくるんですね。

そもそも**南向きであっても階が低かったり、まわりに高い建物があったりすれば日光が遮られるので、日照は周辺環境にもよります**。だから、過度に方角にとらわれる必要はなく、それでも気になるなら値段も抑えられつつ日当たりもそこそこ望める「**東向き**」をすすめています。

値段と日当たりの折り合いがいいのが、東向きなんですね。

「網がかかっている部屋」は要注意

あと、**ベランダや窓に「網がかかっている部屋」があったら、そのマンションは要注意**です。

ベランダに網？　どうしてですか？

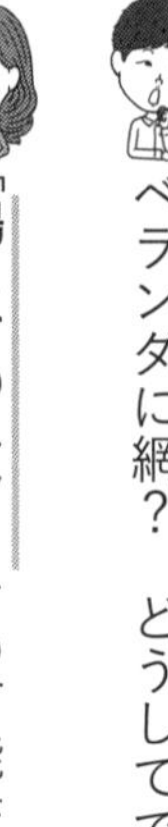

「**鳩よけのネット**」の可能性があるからです。ベランダのエアコン室外機の裏や植木鉢の死角に、野生の鳩が巣を作ることがあるんです。鳩って帰巣本能が強くて、いったん巣を作ると、何度追い払っても戻ってきてしまう。糞被害、悪臭や騒音、ノミやダニなどの害虫に悩まされる可能性があります。

それは避けたい……ベランダの網もチェックするようにします。

「高齢」になると借りにくく、更新しづらい

梅田さんはまだ先の話ですが、「**年齢**」にもご注意を。

え、年？　借りる人の年齢ですか？

はい。**60～70歳になると賃貸は借りにくくなる**んです。収入が減ることや、その部屋が「最期の場所」になると事故物件になりかねないからです。

更新して引き続き同じ部屋に住むのも難しいですか？

はい、**更新も難しくなっていきます**。でも住むところは必要ですし、これから高齢化が進んだら「おひとりさま」での自然死も増えていきますよね。そこで近年増えているのが「**シニア向け賃貸住宅**」や「**サービス付き高齢者向け住宅**」、**通称**「**サ高住**」です。

サ高住？　それって老人ホーム的なもの？

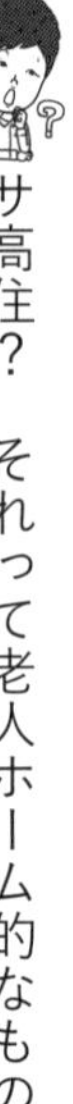

民間事業者などにより運営される介護施設で、厳密には老人ホームではありません。**高齢者が安全快適に暮らせるように、高齢者向けに整えられたバリアフリー構造の賃貸住宅**です。比較的元気な高齢者のための施設だと思ってください。

サ高住が増えると、孤独死が減るんですか？

そう言えます。生活相談員さんが安否確認をしたり、不安なことを相談できたりするので。孤独死も、事故物件も、減るに越したことはありません。オーナーの立場からすれば、事故物件を抱えることってかなり恐怖なんです。入居者が遠のく、つまり「空室でお金が1円も入らない」のに「固定費という費用はかさむ」状況に直結しかねませんから。

高齢の入居者を抱えることは大家さんからすると大きなリスク、だから高齢になると賃貸住まいが難しくなる……覚えておきます。

自宅起業で「違約金」が発生するケース

あと注意してほしいのが「**契約期間**」ですね。

賃貸って、2年契約が多いですよね。2年経つ頃に「更新しますか？　退去しますか？」と聞かれた記憶があります。

おっしゃる通り、2年契約が多いのですが、途中でいきなり退去した場合、**違約金が発生することもあります**。

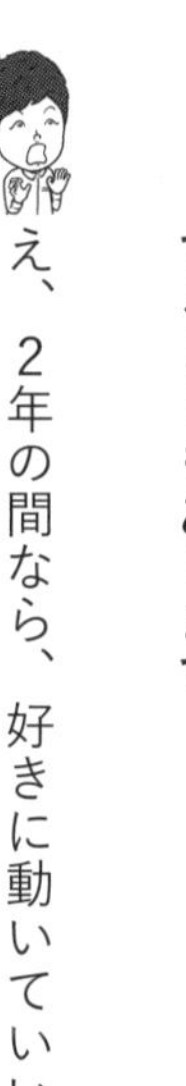

え、2年の間なら、好きに動いていいわけじゃないんですか？

動いてもいいですが、一般的に退去したい日の1か月前までに申し入れないと契約違反で違約金が課せられます。その場合は1か月分の家賃を払うなど、お金で解決ですね。賃貸物件は、オーナーの所有物。次の借主を探す時間も必要ですから。

逆に言えば「急に退去したくなっても、違約金を払えばできる」ということ？

はい。**「中途解約」以外にも、「家賃の滞納」「迷惑行為」など契約内容に背くことをした場合に違約金が発生します。**

でも、ルールを破るつもりはなくても、なんらかの事情で家賃が遅れるとか、突然引っ越さないといけなくなることもありますよね。

もちろん。いつ退去するのも自由です。ただ契約書に記載の通り、「違約金を払ってください」という考え方です。

……わかりました。

もう少し重いペナルティもありますよ。たとえば「住居用として借りる契約だったのに、商用として使っていた」や「自宅兼事務所」にしている場合。明らかな契約違反となり、契約解除のうえ「強制退去」を迫られることがあります。

じゃあ「入居してから始めた副業が軌道に乗ったので、会社を立ち上げ、家を法人の住所として登録した」場合は？

居住用物件なら**完全にアウト**。テレワークぐらいなら大丈夫ですが、法人化して登記をしたら設立届を出したりするでしょう。オーナーは建物の用途変更の手続きが必要だったり、固定資産税が変わったりして、ひどい場合はオーナーに脱税の疑惑がかかることも……。人の出入りが増えたり郵便物が増えたりするので、周囲には自然とわかるものですよ。

「居候」「同棲」は実はNG

じゃあ、自分が借りた部屋を「人に貸す」のは……

絶対にアウト。

ぜ、絶対……

はい。**オーナーに断りなく他人に部屋を貸すことは「又貸し」「無断転貸」といって、ほとんどの賃貸契約で禁止されています。**

一緒に住むのは……？

報告して許しを得ていないならアウト。友だちを短期間居候させたり、ルームシェアをしたり、パートナーと同棲したりというのも「又貸し」にあたります。民法612条でも「賃貸人（貸主）の同意の無い貸借権譲渡や転貸（又貸し）はできない」と定められています。

パートナーと住んでいる人、割と多そうですが……

この法律を知らない人が意外と多いんです。居候ということで騒音など近隣トラブルになって発覚することが多いですね。ちなみにそうなると、**借主に損害賠償責任が発生します。**大家さんから違約金を請求されるどころか、訴訟される可能性も出てきます。

……

要は「**最初の契約時に住人として伝えた人しか住んではいけない**」ということです。分譲賃貸マンションの場合、入居届などで賃借人を管理組合に届出しないといけない決まりもあります。赤ちゃんなど家族が増えた場合も、届出すると覚えておいてください。

「契約書」って何が書いてある？

基本的なことですが、「契約書」をよく見ればこれらは防げますよ。

賃貸の手続きをするときに不動産屋さんから渡される契約書って、細かい字がびっしりですよね？　正直、全部見るのはめんどくさいです……

そういう方が大半です。でも、トラブル防止のために読むべきです。「更新条件」「解約条項」「禁止条項」「違約金」「特約事項」などについて決められているので。

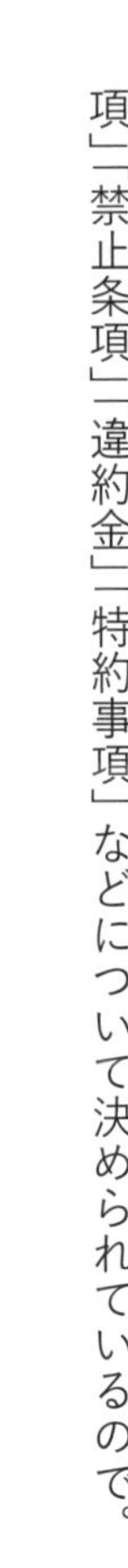

でも、引っ越しのたびに契約書を隅々まで見るのは、ちょっと……

不動産屋さんの契約書は、どれも同じようなフォーマットや項目から成っています。というのも、**「賃貸住宅標準契約書」という、国土交通省が作成したひな形や、宅建業の各業界団体が作成するひな形がある**ので。多くの業者はそれを参考に契約書を作成しています。なので、1回はじっくり読むことをおすすめします。

とはいえ、最初から最後まで読むのは……絶対チェックしたほうがいいポイントを教えてください！

承知しました。では本当に大事な点に絞ってお伝えしますね。

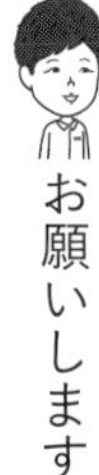

お願いします！

まず「**契約期間中の修繕**」という項目を見てください。オーナーは物件を使用するために必要な修繕を行う必要があります。たとえばクッキングヒーターなどの「付属設備が壊れた際の修理費は貸主負担」が多いですね。反対に、日常的に消耗する電球や蛍光灯、蛇口のパッキンなどは借主が対応することがほとんどです。

消耗品の交換まで大家さんに連絡していたら大変ですしね。

気をつけたいのが、**退去時の「原状回復」**です。貸主・借主どちらが負担するかでトラブルになることもあります。

その細かい部分は、フォーマットで決まってないんですか？

東京都の「**賃貸住宅紛争防止条例**」に基づく説明書などが活用されることが多いです。たとえば「壁に貼ったポスターや絵画の跡」「テレビ・冷蔵庫などの背面の電気ヤケ」「日照など自然現象によるクロスの変色」など、普通に使っていて生じた損耗や経年劣化による復旧については、貸主が負担すべきとなっています。一方で「飼育ペットによる柱などのキズ」「引っ越し作業で生じたキズ」など、通常の使用に反する場合は借主負担です。

なるほど。

震災や第三者によるダメージについては、貸主負担です。

借主には原因がないからですか？

はい。ただし、物件ごとに責任の範囲が異なることも当然あって、それを事前に確認するのが契約書です。だから契約書には、しっかりと目を通すべき。たとえばペット。犬猫を飼うには敷金が上乗せされたり、観賞用の魚は飼えると思ったら熱帯魚や昆虫も飼えず、トラブルになった、なんて事例もあります。

修繕の責任の範囲と、自分特有の事情に関する部分は不動産屋さんに聞くなりして事前に確認すべきですね。

物件は「居住価値」を見る

家を借りるにあたって色々注意すべきポイントはありますが、**全部あげると100以上のチェックポイントがある**んですよ。

全部リストアップしたことあるんですか？

はい！　でも、満点の物件と巡り合うなんて非現実的。だから、賃貸・購入に共通することですが、**これだけは譲れない条件を3つに絞り込みましょう**。とくに「住みやすいかどうか」という「**居住価値**」で判断してください。たとえばお子さんがいる場合、幼稚園、公園などの近さや、とくに公立校の「学区」の問題は大きいです。

学区って、住所で自動的に決められてしまいますよね。

なので、家を選ぶときにこだわる人は珍しくありません。たとえば、同じエリア内に隣接する、超人気のA小学校とそうでもないB小学校があったとします。すると、「A小学校の学区内で」という条件で家を探す人が多いんです。**道一本渡っただけで校区が変わったりしますから**。

数年経ったら長男が小学校入学……不動産屋さんに「この家はどこの学校の校区か？」必ず聞くようにします。

行政の子育て支援政策も要チェックです。代表が「**子どもの医療費助成**」です。

えっ、子どもの医療費って全国一律じゃないんですか？

はい。本来の国内統一ルールとしては、小学校入学前までが2割負担。でも、近年多くの市区町村で、子どもの医療費を助成する傾向が強くなっています。その結果、「**うちの子は医療費がかかるのに、隣町に住む子どもは医療費がゼロ**」という事態も起こりえます。

ちょっと損した気になりますね。

このような事態は、**資産価値より居住価値を優先**させることを心がければ避けられますよ。

そもそも「資産価値が高いところ」って、どんなところなんですか？

わかりやすい例で言うと、駅に近い物件は、「資産価値」は概して高いです。でもたとえ「駅から徒歩20分」でも、家から歩いて数分のところにショッピングモールや広い公園があるなら「居住価値」が高いですよね。生活するには便利ですから。また、在宅勤務という働き方が増えると、居住価値がより重視されます。

つまり、「物件の値段」と「住みやすさ」は必ずしも一致しない。そして「住みやすさ」を優先したほうがいい、ということですね。

はい。あと**「特有の臭いがないか」「天井は低すぎないか」「交通量は多くないか」「騒音はひどくないか」「モンスター住民はいないか」「ゴミ出しはしやすいか」**にも気をつけてください。これらは実際に内見したり、何度も物件を訪ねて情報収集したりすればわかりますよ。

誰かに貸す話

ここまでは梅田さんが借りる話でしたが、それ以外にも賃貸と関わる可能性はありますよ。

え、なんですか？

梅田さんが家を誰かに貸す場合です。

けど、それって契約違反になるんじゃ……

梅田さんが借りている部屋を貸したら、の話です。梅田さんが家を購入して、つまりオーナーになって部屋を誰かに貸せば不動産収入を得ることもできるんです。

けど、そもそもどうやって買うかがわかりません。

なので、次は「家を買う」ことについてお話ししていきましょう！

COLUMN

「事故物件」の話
——何度入居者が変わっても告知はすべき

「事故物件」とは、「知っていたらその家を買わなかった・借りなかった」と思われる事情「**心理的瑕疵**（かし）」があると判断された物件です。

「前の居住者が自殺した」「殺人事件があった」……こういった事情のある物件が事故物件にあたります。また隣室や共用部分で事件があった場合も、「事故物件」と判断されることがあります。

このような**事故物件については、「宅地建物取引業法」によって契約者への告知が義務づけられています**。

不動産ポータルサイトなどへの募集広告を出す時点で「この物件は心理的瑕疵物件」と掲載し、問合せがあった際には情報を開示しなければなりません。契約前の重要事項説明時にも説明し、契約書には「事故物件」の旨を明文化。万が一、契約内容と異なるものを売却・賃貸したときには、**オーナーが責任を負い、買主・借主が保護される**ことになっています。さらに不動産業者が、事故物件であることを知りながら隠すような行為も、禁じられています。

とはいえ、問題は**告知義務の期間が曖昧な点**でした。

「事件後、初めて入居する貸借人には告知義務がある」とする一方、「次の貸借人については特段の事情がない限りは、事故物件の告知義務は生じない」という裁判の判例があります。また「事件後

COLUMN

2年が経過すれば、次の貸借人に告知する義務はない」など、不動産業者やオーナーによって対応が異なっていました。

しかし2020年4月の民法改正では、不動産取引の明文化が求められています。今後は、**事故発生から何年経っても、何度入居者が変わっても情報開示することが求められます**。

章

家って どうやって 買うんですか？

持ち家についての話

「建売」ってなんですか？

戸建てを買う場合、「**建売 or 注文住宅**」の2つに大きく分かれるという話を聞いたことがあります。

家の売り出し方の違いですね。日本でよく見かける持ち家の形態といえば、まず先ほど説明した「分譲住宅」です。それと似たものが「**建売住宅**」で、主に**土地に建物がすでに建っていて販売されている戸建てを指します**。＊分譲住宅も土地と建物がセットで売られる点は同じですが、分譲地に建てられ、土地に番号を付けて売られている点が違います。建売住宅は個別で建っていることもあり、デザインが周りと似通っていません。

なるほど。分譲住宅は同時にいくつも造るからデザインが似るんでしたよね？

はい。同じコンセプトで数多く造るので、コストが抑えられるメリットがあります。ただし、分譲住宅も設計された家を買うので、「建売（分譲）」と表現されたりもします。

＊ 建築前から販売されている建売住宅もあります。

分譲も建売も、自分の意見通りに設計してもらえるわけじゃない点は同じ。

その通り。家の設計をまったくのゼロから、というのはなかなか大変な話です。そんな、ゼロから造る家が「**注文住宅**」です。

「注文住宅」ってなんですか？

購入者が希望を注文してから造ってもらう、ということですか？

その通り！　注文住宅なら、間取りも構造も外観も、自由に設計できます。ただし、土地をあらかじめ買うなどして所有の目途が立っているか、デベロッパーやハウスメーカーが押さえている必要があります。あと、**値段が高くなります**。

自分で全部設計するのは大変そう……

正直大変ですが、注文住宅でも、あらかじめ基本仕様が決まっていてお風呂やキッチンなどの設備や外壁の色などを決める「セミオーダー」タイプもあります。それに今は建売でも、ドアはどうするとか選べる部分もありますよ。ただし……

ただし……？

分譲も建売も、隣との距離が近い物件が多いんです。一応、民法では「建物を築造するには、境界線から50cm以上の距離を保たなければならない」と定められていますが。

たった50cm……窓から手を出したら隣に届きそうですね。

そこも含めて建売・分譲住宅は「安い」と理解してください。一方、注文住宅の場合、自分で家を建てる場所を決められますし、敷地内に庭や塀を作れば、ご近所問題は緩和されます。もちろん手間も費用もかさみますが。

「新築」と「中古」の値段差

ちなみに、同じ戸建てでも「新築」と「中古」がありますよね。「新築」の定義はわかりますか？

えっと……建ってから1年以内とかですか？

半分正解です。新築は、**「新たに建築された住宅で、まだ人の居住の用に供したことのないもの」、ただし「物件が完成してから1年未満」**と法律で定義されています。つまり、「築後1年未満」でも、一度誰かが入居すれば中古になるし、1年経っても中古になります。「新築」とうたえる期間は非常に短く、希少価値が高い。なので価格もつられて高くなります。

同じエリアで、ほぼ同一の造りの新築と中古の物件があった場合、どれくらい価格差がありますか？

データによると**「600万円～900万円」差がある**とか。地域や物件にもよりますが、それほど新築ブランドは強力なんです。

じゃあ、新築でなくなる1年後から、値段は急に安くなる？

そうとも言い切れません。まず、1年後でも人が住んだかどうかで価格差がでます。もし完成までに売れなかった場合でも、「未入居物件」「現物を見てから買える」という利点を強調して、強気なところは築2年目くらいまで最初の価格設定のまま突っ走る傾向があります。これはデベロッパーの方針次第ですね。

必ずしも値段が下がるわけではないんですね。

はい。反対に、中古でも価格が上がっているエリアもありますし。覚えておいてほしいのは税金面の話で、**中古であまりにも古い場合、購入時の税金優遇が受けられない可能性があります**。「住宅ローン控除」というお得な減税の仕組みなのですが、条件を満たせば、1年あたり最大40万円を、本来払うべき所得税から引けるんです。

なぜ古い物件だと減税の対象外になるんですか？

耐震性の問題です。耐震基準には新・旧・旧旧の3つあり、中古物件は古い耐震基準しか満たしていない可能性があります。国としては、環境対策として長持ちする新耐震基準を満たした物件をできれば買ってほしい。だから、古くて耐震基準を満たしていない物件に買い手がつかないように、誘導しているというわけです。

なるほど。

新築の魅力は**アフターサービス**にもありますよ。たとえば、壁紙の浮きや床材のきしみを無料で直してくれることがあります。デベロッパーによっては、「半年点検」「1年点検」「2年点検」などをしてくれるコースもあります。中古にはないサービスです。

新築は「手数料」がかからない

あと、新築の場合、ほとんどのケースで、**購入時の手数料はゼロ**になります。

手数料？「ほとんど」というのも気になります。

マンションも戸建ても、それを建築したデベロッパーやハウスメーカーが直接販売している物件を「売主物件」といい、不動産屋さんへの手数料は不要です。デベロッパーが「販売代理会社」に依頼して行われる販売も、売主の代理なので仲介ではないとされ、手数料はほとんどの場合発生しません。一方、売主が直接販売せず、街の不動産屋さんを通じて販売している物件を「仲介物件」といい、仲介手数料が発生します。仲介物件は中古が多いですね。

中古の手数料っていくらですか？

「物件価格×3％＋6万円＋消費税」が上限です。これが、新築はゼロなんです。

そういえば、「新築はハウスメーカーやデベロッパーから直接買う」んでしたよね。ということは売主物件？

はい。**新築の多くは売主物件**なので手数料がありません。* ただ、注意してほしいのが、不動産広告の中には「新築マンションなのに、なぜか手数料がかかる」物件もごくたまにあります。その場合、「**事業協力者住戸**」であることがほとんどです。

じ、事業協力者住戸……？　なんですか、それ？

■「事業協力者住戸」だと新築でも手数料あり

その建物の建築事業に協力した人用の住まいのことです。たとえば、マンション用地になった土地を所有していた地権者向けに提供される、所有していた土地と同じ価値の住戸です。「地権者住戸」「非分譲住戸」といわれることもあります。

＊ 新築戸建ての場合、物件情報に「仲介」と書いてあることも。売主側（ハウスメーカー等）に販売部門がないなどの理由から仲介物件となり、仲介手数料が発生することもある。

前に出た、「立ち退いた代わりにもらえる部屋」ですか？

はい！　たとえば土地が再開発されて新たにマンションが建つとき、そこに住んでいた人たちが立ち退く代わりに、新しいマンションの部屋を、デベロッパー側から提供されるんです。土地を手放す代わりに、それと等しい価値の区分所有権を得ることになります。

でも「いらない」ってなったらどうなるんですか？

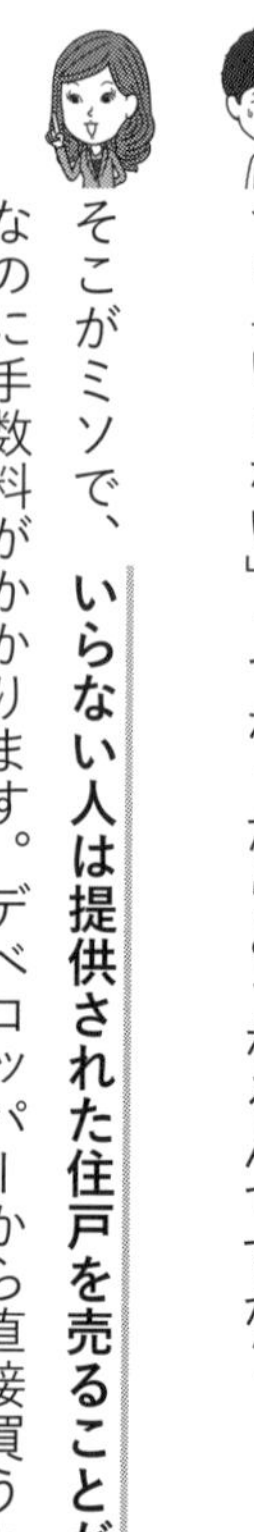

そこがミソで、**いらない人は提供された住戸を売ることができる**んです。その場合、新築なのに手数料がかかります。デベロッパーから直接買うわけではなく、元所有者から買うので。

デベロッパーやハウスメーカーから直接買う場合のみ、手数料がかからないわけですね。

はい！　なので不動産屋さんで新築物件を探して買うと、仲介手数料が発生します。

中古は「消費税」がかからない

新築は仲介手数料が基本かからない反面、建物に対して消費税が発生します。一方、**中古物件には消費税がかからない**ことが多いという特徴も押さえてほしいポイントです。

え？　それはマンションに対しても、戸建てに対してもですか？

はい。その理由は「**個人が個人に対して住宅を売買しても課税されない**」という決まりがあるからです。現状、不動産屋さんが仲介する中古物件の大半は売主が一般の個人なので、中古物件を買う場合は、実質消費税ゼロです。

中古物件の場合、売主はそこに住んでいる個人だから、個人の販売には消費税がつかないルールが適用されて「0」になる。一方、新築は売主がデベロッパーなどの法人になるから、消費税がかかる。

そうです。ただし、中古物件そのものへの消費税は0ですが、不動産屋さんに払う手数料には消費税がかかります。また**売主が不動産業者やリフォーム業者などの法人だった場合、住宅売買が事業になるので、中古物件の建物に対して消費税が課税されます。**ただし、消費税込みの販売価格が表示されていることが多いのでそこまで気にしなくて大丈夫です。あと、**土地の購入には課税されません。**消費税の対象になるのは、「事業者からの、物やサービスの購入」なので。

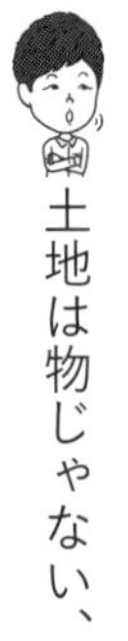

土地は物じゃない、と。

新築マンションは「修繕積立基金」をまとめて先払い

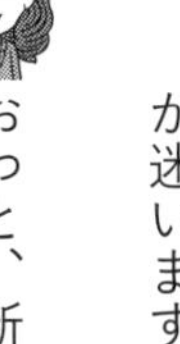

売主物件を選べば手数料がかからない新築。消費税がかからない中古……どっちが得なのか迷いますね。

おっと、新築マンション特有でかかるお金があるんでした！　マンションの場合、新築購

「手数料」「消費税」のかかる・かからない

かかってくるお金／物件の種類	不動産業者への手数料（上限：物件税抜価格×3%＋6万円）	消費税（10%）
中古	かかる	かからない ＊仲介手数料には発生 ＊売主が個人以外なら建物に発生
新築	かからない ＊不動産業者経由で購入した場合はあり	かかる ＊建物のみ。土地にはなし

入時は手数料がかからない代わりに**「管理準備金」や「修繕積立基金」をまとめて払う**ことがあります。数十万円単位になることもありますよ。

管理準備金？

「管理準備金」は、管理費の前払いともいえ、スムーズに管理がスタートできるよう徴収される一時金です。

修繕積立基金はなんですか？

長期にわたってマンションを維持していくには、修繕も必要ですよね。修繕のための費用を、管理費とは別に積み立てるのが「修繕

積立金」です。**本来、毎月積み立てるものですが、新築購入時にはそれを数か月～数年分、まとめて先払いするのが慣例**になっています。

……大体いくらくらいの修繕積立金を先に払うんですか？

物件によって違いますが、**50万円ほどまとめて先払いする**ケースはよくあります。

50万円！

先払いしたあとは毎月少し抑えめの額を払います。国土交通省の調査によると修繕積立金の平均支払い額は月**1万1243円**。管理費も合わせるとおおよそ月額2万から3万円。この金額は、部屋の広さによって異なります。

でも、なぜ先払いする必要があるんですか？　新築なら最初は丈夫ですし、毎月払うから許してほしい気も……

毎月の設定額だけだと、管理組合の会計収支が成り立たなかったり、修繕の直前になって一時金が徴収されたり、大幅に値上げされたりしかねないんです。あと月々のローン返済額と管理費等の合計で毎月の支払いができるか、つまり購入できるかどうかを判断する人が多いので、毎月の負担を抑えてお得感を出すためともいえます。

10年に一度「大規模修繕」がある

中古マンションなら修繕費用をまとめて払うことはないですか？

うーん、それが物件によるんです。というのもマンションの場合、10～12年に一度大規模修繕が行われることが一般的で、そのタイミングで入居し、かつ管理組合の積立額が足りないと「一時金」を払わないといけない可能性があります。

ということは、中古物件を購入するなら、修繕が近々予定されているか、管理組合の積立額はたまっているかを確認すべきですね。

はい、ぜひ不動産屋さんに確認を。**大規模修繕工事後をねらう**のも戦略の1つといえます。

「家」ってどうやって買うんですか？

新築と中古で、かかるお金・かからないお金が違うことはわかりました。で、実際に買うとなったら、家ってどうやって買うんですか？

■「どこ」で買う？

新築か中古かで異なります。まず先ほど言ったように、中古物件は売主がほぼ個人。**それを仲介している不動産屋さんに行って探すことになります。**

不動産屋さんに行く前に、不動産サイトで探すことはできますか？

もちろん。検索カテゴリーで「中古」を選べば、たくさんヒットしますよ。

新築はデベロッパーやハウスメーカーから直接買うんですよね？　けど、直接買うって、どこに行けばいいんですか？

マンションも戸建ても、新築の売主はデベロッパーやハウスメーカー。だから買いたいときは売主が運営している「**モデルルーム**」や、各社のモデルハウスの集合体「**住宅展示場**」を訪れるのが早道です。

けど、いきなり住宅展示場に行くのってかなり勇気がいります。

そういった場合は、**ハウスメーカーの店舗に行く**手もありますよ。そこで家を紹介してもらうんです。それに、新築の場合も、検索カテゴリーで「新築」を選べば不動産サイトで探すことができます。１つ面白い現象がありまして……。**同じ不動産サイト内に、同一の物件が複数出ていることがある**んです。

賃貸でもたまにありますよね。「バグ」じゃないんですか？

仲介している不動産屋さんが異なるんです。つまり、オーナーが、複数の不動産屋さんに仲介を依頼し、それぞれの不動産屋さんが不動産広告を出したということです。で、同じ物件なのに、**条件が微妙に異なる**んです。

同じ家でも条件が異なる？

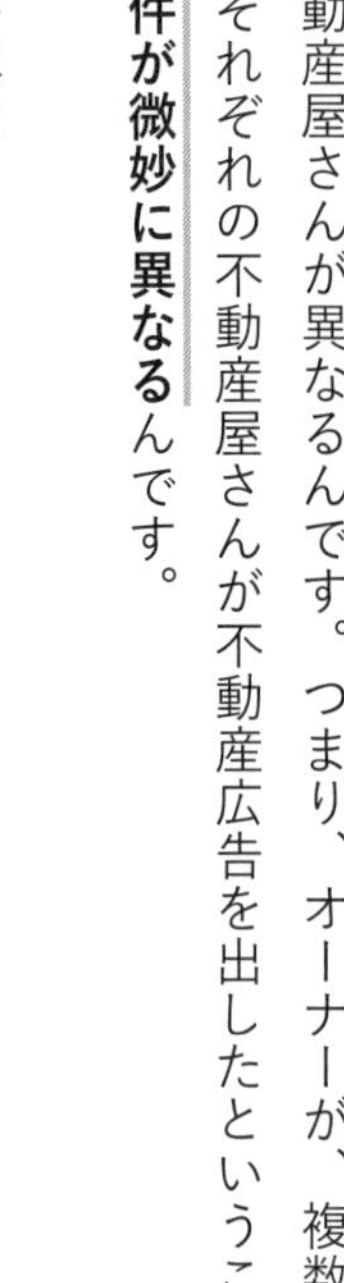

たとえば手数料に差があったりします。「展示用の家電がサービスでついてくる」なんてケースもあったりするので、比較すると面白いですよ。

サイトで探すときには、「同じ物件がほかの不動産屋さんでも紹介されていないか」「条件が違わないか」の2点は見たほうがよさそうですね。

そうですね！　細かなところで違ったりするので、要チェックです！

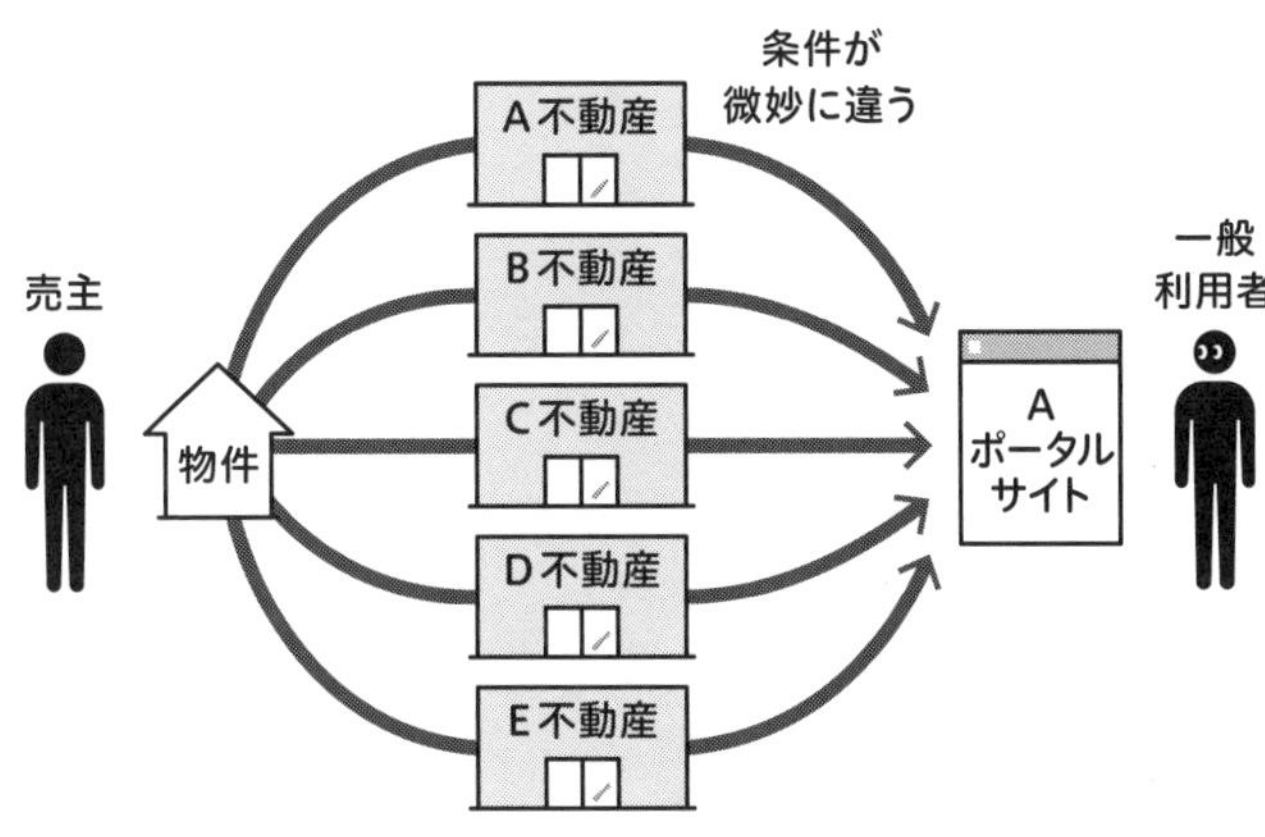

「住宅展示場」は実物と違うことも

住宅展示場に行ったときにも注意点があります。

どんなことですか？

「見た目のきれいさ」や「スタッフの対応のよさ」「雰囲気のよさ」に流されないでください。展示の家はモデル。**実際に購入する家と「まったく同じ」ではない**ですから。

え、見学したのと同じ家に住めるんじゃないんですか？

モデルルームと実際に購入する物件は、別物です。立地や日照条件、周辺環境などの外部状況が異なります。モデルルームが日差しに恵まれた角部屋であっても、実際の部屋は配置が違ったり間取りが異なったりすることもあります。それに実際は付いていない家具・家電も展示されているので、魅力は差し引いて考えなければなりません。

モデルルームの「今からここですぐに住めます感」は、演出されたもの……

内覧マニアの人は、そのあたりを差し引いて物件を厳しく吟味しています。実際、多く見れば見るほどカンが働いて、気づきも増えます。

内覧マニアの人が気づくポイントってどこですか？

わかりやすいのは「売り急いでいる感」。販売期間が長くなってきたり、決算期が近づいてきたりすると、売主側は早く手放したくてたまらない。モデルルームの人件費や、抱えている物件の固定資産税などの固定費がかかってくるので。

押し売りみたいになるんですか？

というより、**買い手にとって魅力的な条件をどんどん出してくれることがあるん**です。「ちょっと値下げします」「家具付けます」という口説き文句です。

それは心を揺さぶられますね。

だからといって飛びつかず、検討する姿勢が大事です。目先の安さ・きれいさに釣られてはいけません。

「申込書」と「契約書」は違う

住宅展示場って、営業マンに契約書へのサインを迫られたりするんですか？

いえ、モデルルームでいきなり契約書にサインということは通常ありません。せいぜい

「申込書」への記入くらいです。

え、いきなり申し込み？

申込書といっても、買い手候補が複数いた際に、優先権を少し与えられる程度のものです。売買契約を結ぶ前なら、電話などでキャンセルできますよ。

1つの物件に対して、買いたいという人が同時に出ることがあるんですか？

はい。人気物件なら、広告を出してから数日〜1週間で買い手が殺到します。そういうときは、**「住宅ローンの仮審査*が済んでいる」など、条件のいい人に優先的に決まります。**

そうなると、「家を選んでいる」のに、今度は自分が「いい買い手かどうか」選ばれる立場になるということ？

まさに。ほかの買い手候補が出てきた瞬間に、情勢が変わるんです。たとえば知人のOさ

＊ 住宅ローンの仮審査についてはのちほど p218 に登場。

んは、最初の買い手候補だったため「40万円の値引き」をもちかけていたんですが、二番手の買い手候補が出てきたので、その値引き交渉をやめました。

……すみません、家って値切れるんですか？

「中古」は値段交渉しやすい

はい。とくに**中古物件なら新築物件に比べて値切りやすい**ですよ。

「家を値切る」って発想はなかった……

物件にもよりますが、５％くらいまでなら安くしてもらえる可能性はあります。よくあるのが「**端数切り**」。「３４８０万円」の物件なら、端数の80万円は値切らせてもらいやすい。とくに中古物件のほとんどは、売主が個人。「早く手放したい」という心理が働くので、交渉に応じてもらいやすいんです。

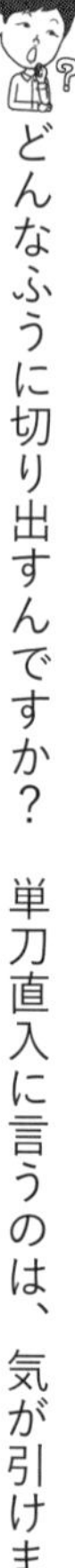

どんなふうに切り出すんですか？　単刀直入に言うのは、気が引けます。

価格交渉から最終的な手続きまで、売主さんと実際に会うことはほぼなく、通常は仲介の不動産屋さんを通しての話になります。だから遠慮しすぎる必要はありません。まず「とても気に入りました」とアプローチしましょう。「**ただ、ちょっと予算に見合わなくて、歩み寄りをお願いできませんか**」と調整をお願いするんです。

物件を褒めつつ、「歩み寄り」という表現で伝えるのは、切り出しやすいですね。

「値引き」しやすいとき・しにくいとき

ただし、必ず値切れるわけではありません。タイミングも重要で、**時期によって「値引きしやすい・しにくい」がある**んです。

いつですか？　教えてください！

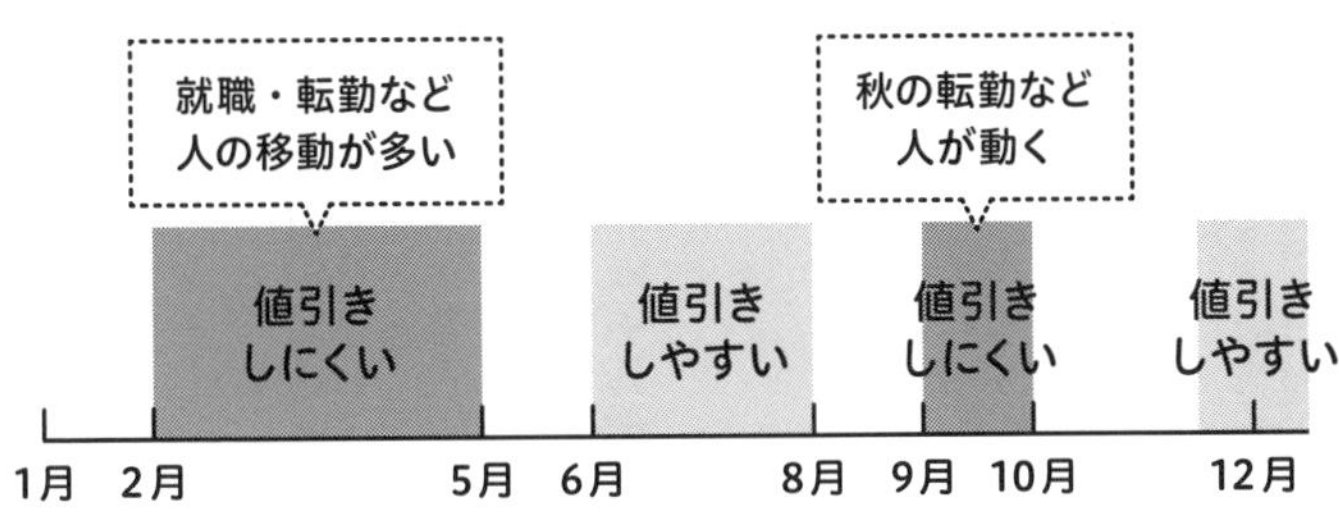

「家がよく売れるから値引きが難しい時期」は2～5月、その次が**9～10月。**反対に**「家を探す人が少ないから値引きしやすい時期」は6～8月、**そして**年内に「売ってしまいたい」という心理が働く12月**です。通常、**家が底値になるのは8月、そして12月**と覚えてください。

「自分のほかに買い手候補が出てきた」ってわかるものなんですか？

はい。「ほかの方も内見を希望されていて」なんて、匂わせられますから。

駆け引きの世界ですね。

人気のある物件や、お買い得物件に多い話です。反対に、何か月も売れない物件もあって、**3か月売れないと価格が下がることが多い**ですね。

「面積」で節税できるか決まる

実際に家を買う際、「**面積**」にはくれぐれも注意してください。住宅ローン控除は「**床面積が50㎡以上の住宅に適用**」と決められていて、基準に少しでも満たないと絶対に受けられないんです。

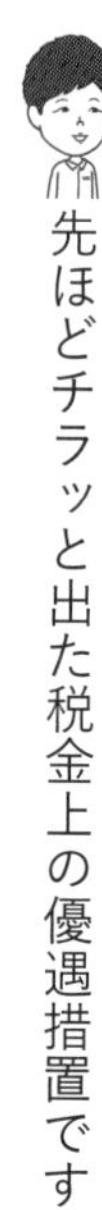

先ほどチラッと出た税金上の優遇措置ですよね。

はい、住宅ローンを組んだ人の経済的な負担を軽減してくれる制度です。正式名称は「**住宅借入金等特別控除**」で、「**住宅ローン減税**」ともいいます。「控除」とは、納めるべき税金から「差し引く」という意味です。**マイホームをローンで購入したときから原則10年間、土地と建物に対するローン残高に応じた金額が所得税から差し引かれて、個人に戻ってく**

るんです。

具体的にはどれくらい減るんですか、税金。

たとえば、家を買って年末時点で4000万円の借入残高があり、ローンの返済期間が10年以上あるとき、控除率1％、つまり40万円の税額が控除となります。

40万円、税金が少なくなる！

もし「所得税」が35万円だったときは、40万円に満たないですよね。すると、差額の5万円が、次は「住民税」から控除されます。

超お得……その控除を受けるための条件が、購入した家の面積が「50㎡」以上なんですね。

ただし、**超・重要ポイントが1つ。2021年の4月1日から、この「住宅ローン控除」にまつわる条件がガラリと変わったんです。**

え、どう変わったんですか？

２０２１年の税制改正で、この「50㎡」が**「40㎡」に緩和される**ことが決まりました。また、「２０２０年末」とされていた入居期限が「２０２２年末まで」に延長されてもいます。

緩和ということは、ユルくなるんですね！

ただし新しく適用内になった「40〜50㎡未満」の住宅については、住宅ローン控除を受けるための条件が厳しくなります。

ユルくなったと思ったら、やっぱり厳しいんですか？

「50㎡以上」の住宅の場合、控除を受ける人の年間所得金額が「３０００万円以下であること」が条件だったのですが、**「40〜50㎡未満」の住宅の場合は「１０００万円以下」が条件です。**

厳しめの年収制限がある、と。

また、**売主が個人で消費税がかからない場合、40㎡から適用できない見通しです。**2022年末まで、従来通り「50㎡以上の家を買った人」が受けられ、かつ条件を満たせば「40㎡から受けられる」と思っていただければ。

「図面上の面積」と「登記上の数字」は違う

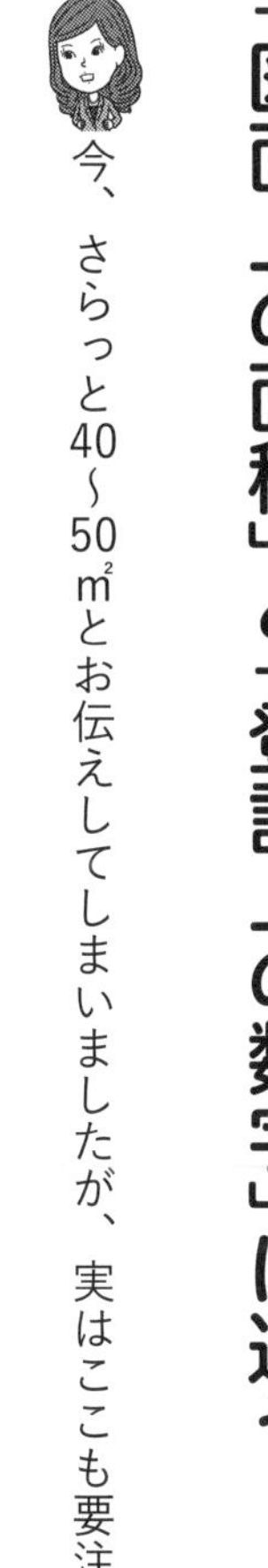

今、さらっと40〜50㎡とお伝えしてしまいましたが、実はここも要注意ポイントです。

え、なんですか？

税金上の優遇を受ける上での面積というのは**登記所に登録される正式な「登記簿面積」を指すのですが、不動産広告に書かれている「専有面積」との間にズレがある**んです。

えっ？

たとえば、「50・80㎡（壁芯）と広告にはあったのに、登記簿上は48・26㎡で、ギリギリ住宅ローン控除を受けられなかった」そんなケースをたまに聞きます。

壁芯ってなんですか？

不動産業者の間では、専有面積は壁の厚みの中心線「壁芯」で測ります。一方の登記簿面積は、壁の内側だけの面積「内法」で、壁の厚みをまったく含みません。ざっくり、**広告にある数値と登記簿の数値は5％くらい違う**んです。

気をつけないとダメですね。とくに50㎡ギリギリのときは。

はい。必ず登記簿上も50㎡以上あることを確認してください。「40㎡以上」に改正された場合も同様です。さらに、先に土地を買ってから家を建てる場合もご注意を。**土地を買って2年以内に建物を建てないと、土地に住宅ローン控除は使えなくなります。**厳密にいう

家の「床面積」に要注意！

壁芯（へきしん）　内法（うちのり）

柱　壁

＊登記簿では内法の床面積が登録されている

と、建物を建てて完成させておかなければなりません。

それって、まだ建っていない建売住宅を買ったときもですか？

いえ、デベロッパーやハウスメーカーが売っている住宅については、話は別です。そこから家を購入した場合、形式上、土地と建物を同時に買う契約になるので、2年の制限は気にする必要ありません。

マンションと戸建て、どっちが得ですか？

ここまで中古・新築の比較をしてきましたが、マンションと戸建て、結局どちらがいいんですか？　個人的には「夢のマイホーム」戸建て派です。

私の主観も入っていいですか？

もちろん。

まず大前提は、その人が何を優先するかです。たとえば「庭のある広い空間で暮らしたい」「ペットを気兼ねなく飼いたい」という人には、戸建てがよいでしょう。そうでない場合は、**マンションが最高**。だって、オートロックに防犯カメラと、セキュリティが揃っています。
それに挨拶程度で**「近隣との人間関係」に悩まされにくい**。戸建てって、近所づきあいが意外と否応なくあるんですよね。

たしかに、隣の部屋に誰が住んでいるのかよく知らないかも。互いに無関心ですよね。

マンションって、物理的には隣り合わせで近くても、心の距離は比較的保ちやすいんです。それに最近のマンションは壁が厚いから防音性にも優れています。昔は「子どもが小さくてうるさいから一軒家に住みたい」という人が多かったのですが、**近年マンションと戸建ての騒音格差は、ほぼなくなりつつあります。**

マンションの防音性も上がっている、と。

逆に、戸建ての中でも建て込んだ分譲住宅や建売の場合、騒音問題が取沙汰されることがよくあります。隣の家の会話から物音まで丸聞こえ。戸建ては建物の構造上、どうしても防音性は期待しにくい。そして、**防火性も低い**です。

え、燃えやすいんですか？

はい。マンションと比べれば、その差は歴然です。マンションは基本的に「鉄筋コンクリート造」で燃えにくい。出火しても延焼せず、その部屋で消火できることも多い。

戸建ては木造が多いんですか？

はい。２０１８年の総務省の調査では、戸建ては約２８７６万戸ありますが、そのうち「鉄骨造」は約１０１万戸、「鉄筋・鉄骨コンクリート造」は約１０７万戸。一方「防火木造」は約１５５２万戸、「防火木造を除く木造」は約１１０９万戸。つまり、**鉄骨や鉄筋で造られた建物の10倍以上を木造が占めています**。ちなみに、木造より防火木造のほうが、戸建てよりもマンションのほうが、火災保険料は安めです。燃えにくいと安いんです。

マンションは丈夫な上に、火災保険料でも軍配が上がる……

あと、戸建ては「デッドスペース」、つまり生活上利用するのが難しい空間が出てしまいます。たとえば、2階建て以上なら階段下のスペースや柱ですね。一方、マンションだと室内に張り出していた柱をバルコニー側や共用廊下側に出す「アウトフレーム工法」が増えていて、家具をレイアウトしやすくなっています。

戸建ては広さの割に活用しにくい。それに、自分で管理しなきゃいけない。庭があれば、その手入れも発生……戸建てって、日々のタスクが多そう。

掃除から修繕、防犯まで、全部自力でやらないといけないですから。

庭付きの家に住みたいって思っていたけど、飽きたら後悔しそう……

戸建てはマンションより寒い

ゴミ出しだって、24時間好きな時間にできるわけではありません。

え、そうなんですか？

「燃えるゴミは何曜日の何時」と決まっていることが多いですね。それに、町内会に入らないとゴミが捨てられなかったり、ゴミ集積場の掃除当番も回ってくるかもしれない。あと、**戸建てのほうがマンションより寒い**ですよ。

寒い!?

気密性が違うんです。マンションは隙間が少なく風が入ってこないので暖房効率がいいんです。

面倒くさいし、寒い……。「地下室のある、庭つきの一軒家」に憧れていましたが、マンションがお得に思えてきました。

ただし、今までの話は主に都会についていえることです。地方都市を見るとそもそもマンション化率の低いエリアも多い。つまりマンションは選択肢が少ないので、「マンションvs一戸建て論争」の答えは土地ごとに事情は異なります。

なるほど。ちなみに、マンションのデメリットってなんですか?

自分が使わない施設や設備の費用を負担しなければいけない点です。たとえばプールやカフェスペースにゲストルーム。車を所有していなくても、機械式駐車場などの維持費を負担しなければいけないことも。なかには、管理費等で月10万円超えのマンションもあります。それに輪番制で理事などの役員が回ってきます。

自分が使わない部分のお金を払うのは、耐えがたいです……

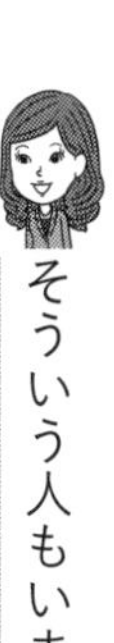

そういう人もいます。このように一長一短なので、**どこは目をつむってもいいか、どこは譲れないかを決めたうえで購入へと進むのが「失敗しない」コツ**です。

物件そのものだけをひたすら見るんじゃなくて、まずは自分のポイントをはっきりさせてから家探しをすべきですね。

はい！　で、買うとなったら必要なのが「お金」です。主に、「**住宅ローンを組む**」というステージになります。ここは住宅を買う際の、超・超・超・重要ポイントになります。

マンション・戸建てのメリット/デメリット

マンション

メリット	デメリット
・駅近立地など、利便性に優れている ・耐火性が強く燃えにくい ・オートロックや防犯カメラなどセキュリティが充実している ・「動線」に無駄が少ない(室内の設計・造り) ・戸建てより選択肢が多い ・24時間ゴミ出しができることも ・自室以外、掃除しなくていい ・気密性が高いので、冬暖かい ・共用施設が整っていることも	・生活上のルールが色々ある(ペット飼育など) ・近隣の音が気になることも(上下左右) ・「固定資産税」が高い(購入の場合) ・管理費等の徴収がある(使っていない設備や施設の負担もしないといけない)

戸建て

メリット	デメリット
・管理費等の徴収がない ・外観から間取りまで、自分で一から選べる(注文住宅) ・駐輪・駐車場が自由に使える ・リフォームが自由自在にできる ・子育て環境が周りに整っていることが多い(公園、学校…) ・子どもの走り回る音など気にしなくて済む ・ペットを自由に飼育することができる	・人間関係が意外と密(町内会など) ・管理を自分でする必要がある ・防犯・防災を自分で計画しないといけない(セキュリティ費用がかかることも) ・デッドスペース(使い勝手の悪いスペース)が生まれやすい ・駅から離れていると利便性がダウン ・庭があれば植栽の手入れをしないといけない

よく聞く言葉なのですが、まだ組んだことがないので実感がなく……。仕組みがいまいちわかっていないので、ゼロから教えてください！

お任せください！

COLUMN

①〜④は「閑静な住宅街」のイメージで、**「第一種住居地域」「第二種住居地域」「準住居地域」**となってくると、徐々に周辺に大きな店舗や事務所、パチンコ店やカラオケボックス、劇場や映画館、幹線道路などが増えてきます。また、**「田園住居地域」**という農業と調和した「自然豊かなエリア」もあります。

商業系の**「近隣商業地域」「商業地域」**は、人や車の往来が多く、デパートなどが建てられたりするエリア。相乗効果をねらって、商業施設が集中的に建てられています。

一方、工業系の**「準工業地域」「工業地域」**は、一般に工場の騒音などで住むには適さないとされますが（工場に勤めている人には便利な可能性あり）、工業地域には湾岸エリアも含まれていて、タワーマンションが建っていることもあります。ただし、**「工業専用地域」**となると住宅は建てられません。

住みづらいところに土地や家を買うと、将来、資産価値が下がる可能性があります。

また、上記の区分け以外にも「市街化調整区域」といって、そもそも住宅や商業施設が原則建てられないエリアも。

土地を買ったり家を建てたりする際は、宅地として利用できるか・適切かを必ず確認しましょう。

なぜオフィス街に家がない？
――「用途地域」の話

取材中、梅田さんから言われたことがあります。

「どうしてオフィス街であまり家を見かけないんですか？」

オフィスや住宅、歓楽街が入り交じると、生活環境や業務の利便性が悪くなります。そこで**行政によってエリアごとに土地の「用途」が定められていて、「ここは居住に適している」「ここは商業向け」などと区分けされています。**

この区分け分類を「用途地域」といい、13 種類の用途地域が存在します。

このうち、住宅系の用途地域は 8 つあり、たとえば、**「第一種低層住居専用地域」「第二種低層住居専用地域」「第一種中高層住居専用地域」「第二種中高層住居専用地域」**は、建てられる住居の高さや周辺にある建物の種類で分かれています。

① 第一種低層住居専用地域……住居は 10 〜12m（約 3 〜 4 階建て）まで。学校などは建てられるが、コンビニは不可。

② 第二種低層住居専用地域……住居の高さ制限は①と同じ。周囲にコンビニ（床面積 150 ㎡以下）などの店舗が建てられる。

③ 第一種中高層住居専用地域……住居の高さ制限なし。2 階建て以内＆床面積 500 ㎡以下の店舗もＯＫ。

④ 第二種中高層住居専用地域……③に加えて、2 階建て以内＆床面積 1500 ㎡以下の店舗や事務所もＯＫ。

章

「住宅ローンを組む」ってどういうこと？

住宅ローンで家を買う 超基礎

「ローンを組む」ってどういうこと？

■目安は「年収の5倍」借りられる

そもそも、住宅は何千万円単位で超高いですよね。それだけの現金を一括で払える人は少ないので、皆さん、お金を借りて住宅を買うわけです。これが「住宅ローン」です。

何千万円もポンと払える自分は想像できません……

都内だと、4、5000万円はざらにします。なので、**「住宅の購入者に代わって、金融機関がデベロッパーやハウスメーカーなどの売主に立て替えて払ってくれる仕組み」**、それが住宅ローンと思ってください。要するに、**借金**ですね。

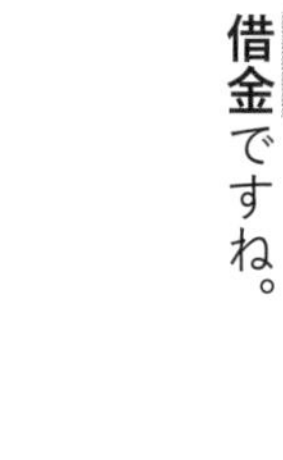

どれくらい貸してもらえるんですか？

まず、お金を借りる前に「**頭金**」を決めます。

頭金……

その時点である程度まとめて払えるお金のことで、**頭金が多ければ、そのあとに組むローンは少なくて済みます**。ローンには金利がつくので、借りたお金よりも返す金額は必ず高くなり、ローン額が少ないに越したことはありません。なので、頭金は1円でも多いほうがいいんです！

なるほど、頭金を払って、残りがローンになる、と。

はい。住宅ローンで借りられる金額は「**その人の年収の約5倍**」が目安です。とはいえ、大事なのは「**借りられる額**」**と**「**返せる額**」**は違う**ということ。限度額いっぱいまで借りるのは危険です。あくまで「借金」ということをお忘れなく。

■どうやって「家の購入費」を払う?

肝に銘じます……。では、僕がたとえば「住宅ローンで3000万円を借りる」とします。そのときは、現金3000万円を札束でポンと渡されたり口座に振り込まれたりするイメージですか?

住宅ローンのお金は、**借主にいったん振り込まれることもあれば、そうじゃないこともある**んです。

お金が振り込まれるかどうか定かじゃない!?

ローンで借りるお金は、売主と銀行、中古なら不動産屋さんも交えてやりとりをします。記録を残し資金の流れを明確にするという意味では、本人の口座に一度振り込まれて即日売主に支払われることが理想です。ただし、ネット銀行だと直接売主に振り込まれることもあるので、「金融機関・売主の方針による」と思っていただければ。

「住宅ローン」の仕組み

※売買契約を結んだあと

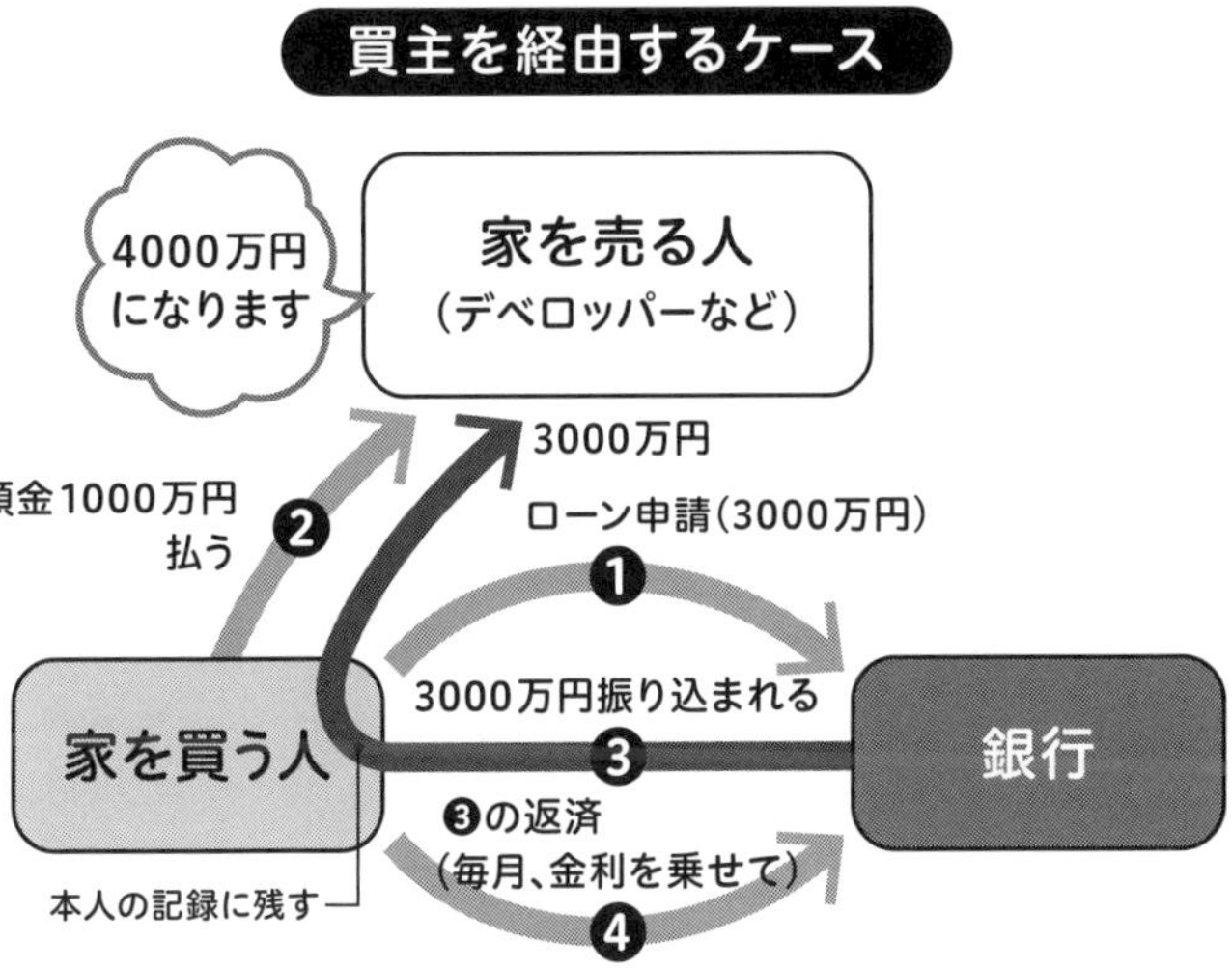

買主を経由するケース

4000万円
になります

家を売る人
（デベロッパーなど）

3000万円

頭金1000万円
払う ❷

ローン申請（3000万円）
❶

3000万円振り込まれる
❸

家を買う人

銀行

❸の返済
（毎月、金利を乗せて）
❹

本人の記録に残す

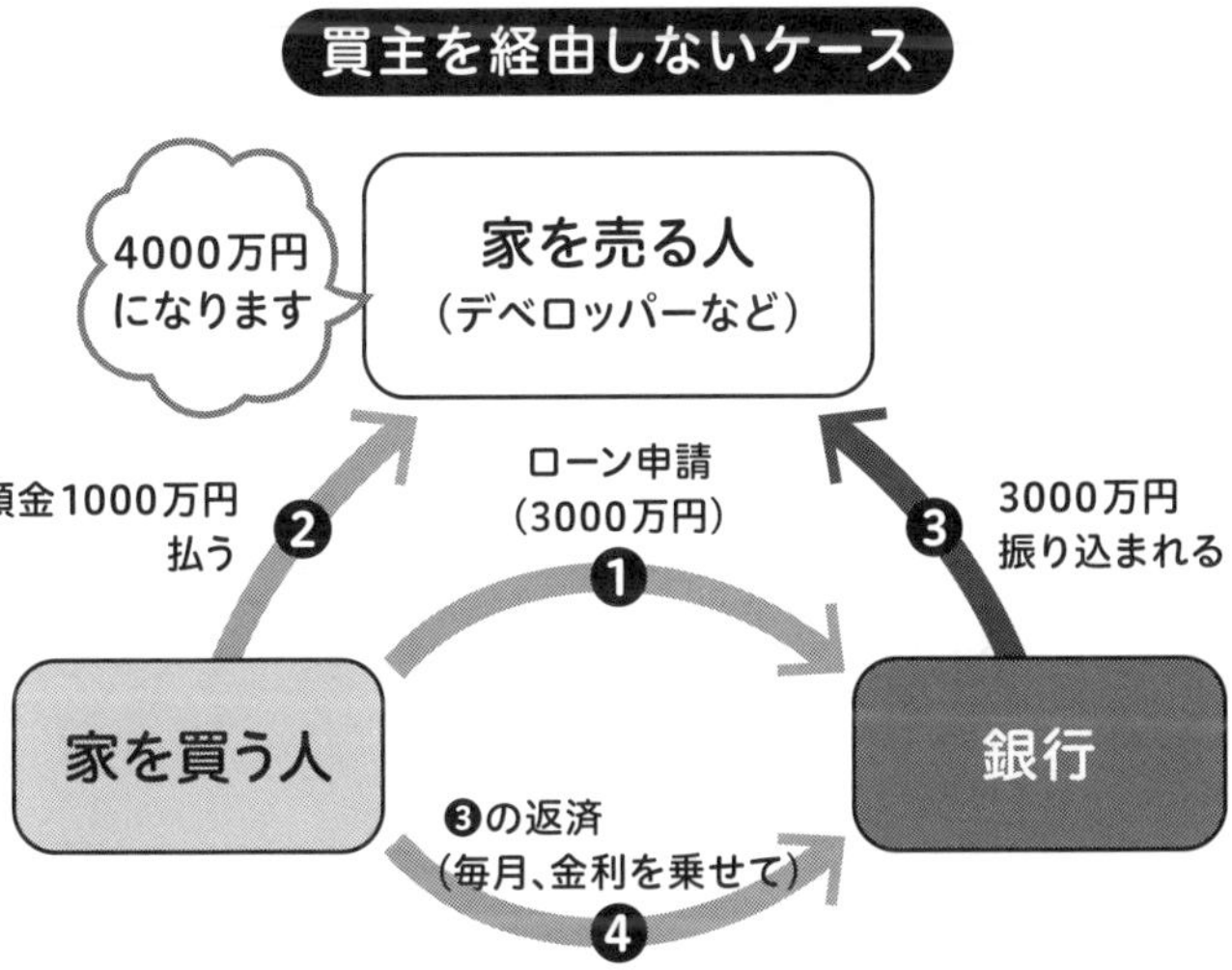

買主を経由しないケース

4000万円
になります

家を売る人
（デベロッパーなど）

頭金1000万円
払う ❷

ローン申請
（3000万円）
❶

❸ 3000万円
振り込まれる

家を買う人

銀行

❸の返済
（毎月、金利を乗せて）
❹

なぜ買主を経由しないケースもあるんですか？

3000万円入ったら、少しぐらい「ほかの目的に使おう」ってなりかねないでしょう？

ネコババを避けるために、本人が触れないようになってるんですね……毎月どれぐらいの返済額なら身を滅ぼさずにすみそうでしょうか？

もし、**今まで賃貸物件に住んでいたなら、その月額費用と同程度の金額**を目安にしてください。今までの家賃が9万円なら、返済額も9万円前後。負担になりにくいはずです。

家を買うからって、「無理しないほうがいい」ってことですね。

もちろんです。**頑張って、背伸びをして、必死の思いでローンを組むなんて愚の骨頂。**これは、声を大にして何度も伝えたいですね。

■「リバースモーゲージ」——家で生活資金を借りられる

一口に住宅ローンと言ってもいろんな種類があり、シニア向けの住宅ローンとして「**リバースモーゲージ型住宅ローン**」が最近注目を集めているのですが、知っていますか？

初めて聞きました。

「逆・住宅ローン」と形容してもいいでしょう。まず「リバースモーゲージ」というのは「**高齢者などが持ち家を担保にし、その範囲内で生活資金を借りられる**」という融資制度です。

家を担保に借金ができるということ？

はい。普通、借金はきちんと返していれば借入残高が年々減少します。でも、**リバースモーゲージだと、残高が年々増えていく**んです。

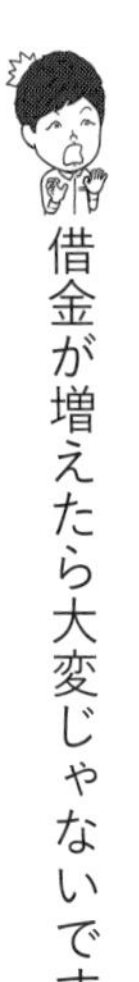

借金が増えたら大変じゃないですか！

でも契約者の死亡時に、その家を売ってそれまでの借金を一括返済できる、という構造なんです。「**自宅という資産を保有する高齢者が、自宅の資産価値の範囲内で生活費など自由に使えるお金を借りられる**」イメージです。

ざっくり「自分の不動産で借金してます。死んだら家を手放して借金完済」ってこと？

そうです！　リバースモーゲージは「**亡くなったら、家の権利を渡す**」**という約束でする借金**。「子どもに家を遺さなくていい世帯」にとって、メリットが多いんです。老後資金の不安を軽減できますし、相続ってめんどくさいので。

先ほどのリバースモーゲージ型住宅ローンはこれと違うんですか？

リバースモーゲージの仕組みをベースにした住宅ローンで、これから購入する家を担保に住宅取得目的の資金が借りられるんです。リバースモーゲージ型住宅ローンを組んで家を

リバースモーゲージ型住宅ローンの仕組み

リバースモーゲージ

①3000万円の家を担保に
リバースモーゲージを申請

住宅評価額の範囲内
交通費
交際費
食費
生活資金

②家を担保に、家の評価額の範囲内*
でお金が借りられる
（利息だけは毎月支払う）

*借りられる上限は不動産評価額の50〜80%と金融機関によって異なる

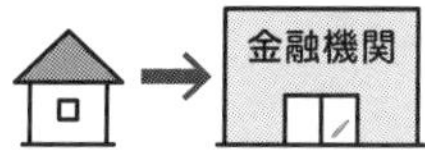

③亡くなったら物件が売却など
されて完済

リバースモーゲージ型住宅ローン

①リバースモーゲージ型住宅ローン
で3000万円の家を購入*

*バリアフリー化などのリフォーム資金にもできる

返済

利息
のみ

②利息のみを返済

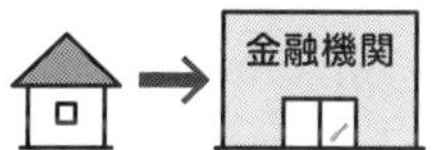

③亡くなったら物件が売却など
されてローン完済

買えば、毎月の支払いは利息のみ。で、亡くなったときに家を売って一括返済、となります。このタイプの住宅ローンだと高齢者でも家が買いやすく、子どもの独立後などに相続を気にせず住み替えしやすくなります。

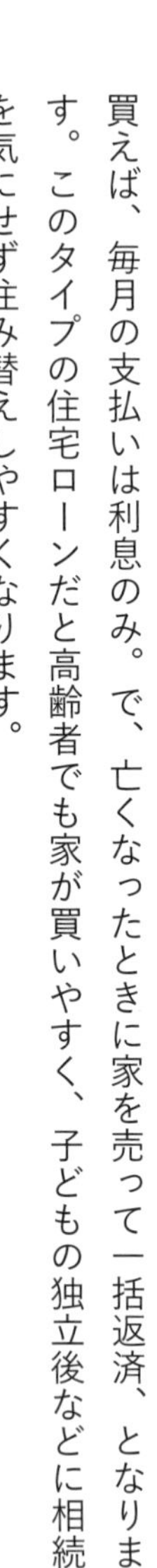

やっぱり、「子どもに家を引き継ぐ」って大変なんですか？

はい。まず、相続する家がお子さんにとっても住みやすいとは限りません。とくにお子さんが実家から出てバリバリ働いている場合。譲られても住めないし、困るでしょう？

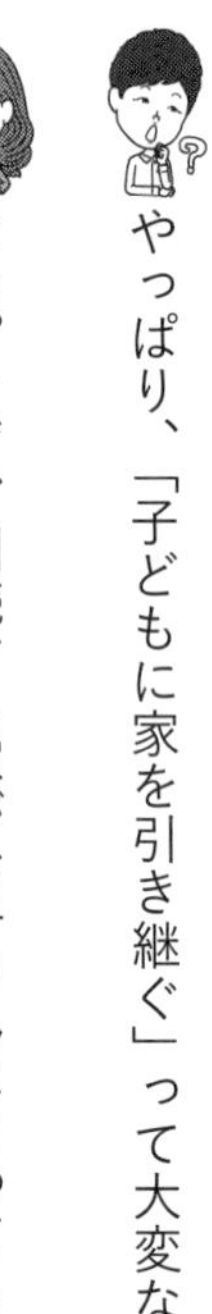

僕、実家は大阪ですが、東京で働いているので譲られても住めないです。

そんな場合、通常は「売却しよう」となるんです。でも、売却も一大プロジェクト。不動産屋さんや現地に何度も行かないといけないし、買い手が見つかるまでは固定資産税などの維持費を払い続けなければいけません。

家を譲られても、むしろ赤字になるんじゃ？

ケースバイケースですが、「譲り受けたことで想定外にお金が出たり、手間がかかったりする」事例は珍しくありません。せっかくの資産なのに、それに苦しむことになる……私はそれを、不動産ならぬ「**負動産**」と呼んでいます。

負動産を引き継がない意味でも、リバースモーゲージが重宝されるんですね……。リバースモーゲージはシニア向けとのことですが、何歳から利用できますか？

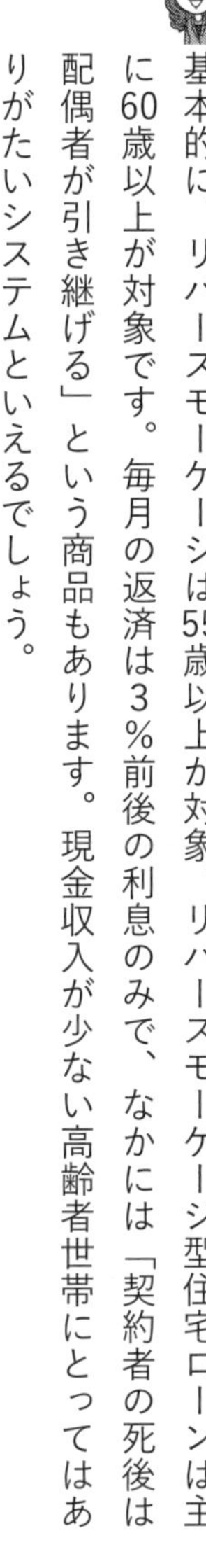

基本的に、リバースモーゲージは55歳以上が対象。リバースモーゲージ型住宅ローンは主に60歳以上が対象です。毎月の返済は3％前後の利息のみで、なかには「契約者の死後は配偶者が引き継げる」という商品もあります。現金収入が少ない高齢者世帯にとってはありがたいシステムといえるでしょう。

リスクはないですか？

リバースモーゲージは、社会情勢や物価の変動に少なからず影響を受けます。たとえば、物価が下がった場合。毎月の融資額、つまり受け取れる金額が、つられて下がるリスクは否めません。それに、**大幅に長く生きた場合、毎月の融資が打ち切りになる可能性もあります**。家の価値を超えては借金できないので。

本来、長生きするほど、めでたいはずなのに……

リバースモーゲージにも様々な商品があるので、利用するならよく検討することです。お子さんがいなかったり、相続させなくていい人には概しておすすめです。

住宅ローンには「審査」がある

とはいえ、誰でも住宅ローンを組めるわけではありません。住宅ローンを借りるには「**審査**」というハードルを突破せねばなりません。

いったい何を見られるんですか？

審査基準として、ほとんどの金融機関が共通して確認する項目があります。本人に関する項目として、**「借入時の年齢」「完済時の年齢」「年収」「手持ちの資産」「他の借り入れの有無」「勤務先の業種・規模」「雇用形態」「勤続年数」**の確認です。これで信用できるかどうか、見られていると思ってください。

■「勤続3年」だと通りやすい

「勤続年数」？　そんなことが必要なんですか？

はい、とても重視されます。**「勤続3年以内」だと、「会社にまだ定着しきっていない」と判断されて、マイナスになることも。**少なくとも「勤続1年以上」でなんとかクリアという感じです。ちなみに、フリーランスの人は会社勤めをしていない分、「収入面で安定性に欠ける」とみなされ、住宅ローン審査で苦労する傾向があります。

組織に所属して、安定している人が信用されやすいんですね。

それが「雇用形態」のチェックです。ただ「勤続半年以上」など基準はまちまちですし、「勤続20年以上で会社に貢献」というレベルまでは求められていません。年齢を重ねすぎると、今度はローンを組むのに不利になります。

なぜ年齢が高いと不利なんですか？

年齢を経てから借りると、返済期間が短くなるため、1か月あたりの返済金額が大きくなりがちです。けど、毎月多額のお金を返しつづけるのは難しい。だから「借入時の年齢」や「完済時の年齢」も審査の対象なんです。

■「80歳」までに返済しないといけない

じゃあ、ローンを組む適齢期ってだいたい何歳ですか？　何歳くらいで組むのが一般的なのか、知りたいです！

多くの金融機関で、**申し込み可能な年齢は20～70歳。完済時は最高80歳。で、30～40代で、**

30～35年のローンを組むというのが平均です。

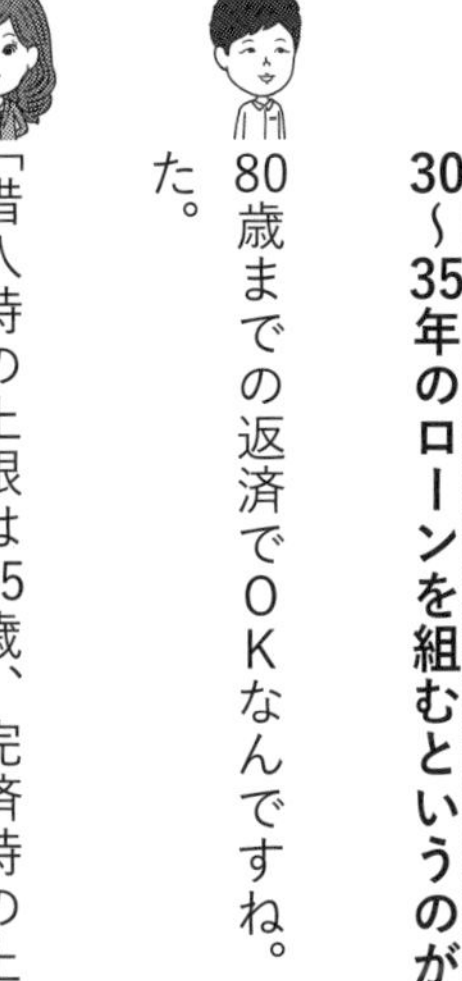

80歳までの返済でOKなんですね。もっと早く返し終わらないといけないと思っていました。

「借入時の上限は65歳、完済時の上限年齢は70歳程度」というのが前は一般的でしたが、定年の延長や再就職、寿命の延びが影響して、完済時の年齢制限が緩和されているんです。

■「厳しめの金利」で審査される

年齢が重要とはいえ、「返済能力」が最も重要。**「その人の年収で、その人が希望している物件と金利で、ローンを本当に返せるかどうか」**が、厳しめに試算されているんです。

厳しめ？

金融機関は、お客さんが希望している金利でシミュレーションしているわけではありませ

ん。実際に適用される金利より3～10倍くらい高い、**「3％」「4％」などの金利で試算して、「その人の年収で返せるかどうか」を見ています。**

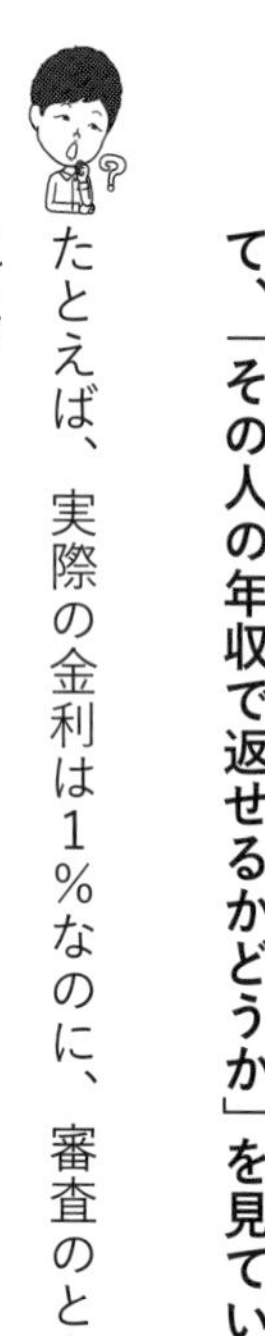

たとえば、実際の金利は1％なのに、審査のときは4％でシミュレーションしているってこと？

そうなんです。実際に適用される金利を「適用金利」といい、この厳しめの金利は「基準金利」といいます。銀行の店頭などで「今月○％」と表示されている数字は基準金利で、この金利から審査などの結果、優遇されて実際につく金利が適用金利となります。

なぜ、最初から実際の適用金利で計算しないんですか？

銀行が審査をするときは「**どんな金利のタイプでも返せる人を選びたい**」という考え方になります。だから、ある程度厳しめの金利を設定して試算し、その条件をクリアした人だけを選んでいる、というわけです。

借りるほうが、実は「選ばれている」と。

はい。扱うお金が大きいですから。返してもらえなければ金融機関側に数千万円単位で損失が出てしまう。だから、審査の段階で、高めの金利で厳しく計算しておけば、「お金を返してもらえない」などの金融事故を起こす確率を下げられる、と考えるんです。

リスクが低い人かどうか、確実に見極められるんですね。

これは同時に、お金を借りる側のメリットでもありますよ。だって、無茶なローン返済のために無理な家計の運営をしなくて済むわけですから。

■「車の購入」はローンを組んだあとに——返済負担率の話

「**返済負担率**」も大事な指標です。これは「**年収に占める全ローンの年間返済額の割合**」で、わかりやすく言うと「家以外のローンも含んで返済できるか」です。

返済負担率……初めて聞きました。

要は、「住宅ローン以外に借金はありますか？　あれば、住宅ローンを組んだ場合、借金の返済額はどれくらいになりますか？」という話です。

「住宅ローンをひっくるめて借金がどれくらいあるか」がどう見られるんですか？

家以外のローンを抱えていると、収入が減ったときに住宅ローン返済が滞るリスクが高まります。だから**審査の時点で抱えているほかのローンと、これから組もうとしている住宅ローンを合わせて、その人の「返済負担率」を計算するんです。多くの金融機関が、返済負担率の上限を30〜35％以内、理想を20〜25％以内**に設定しているので、シミュレーションすれば審査に通るかどうかある程度予想できます。

うーん、数字で言われても、ちょっとイメージできません……

超ざっくり、計算してみましょう。たとえば年収500万円の世帯で、住宅ローンの年間

「返済負担率」の考え方

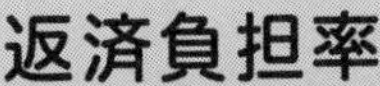

返済負担率
＝
年収に占める
ローン返済総額

住宅ローン　自動車ローン
教育ローン　スマホ本体の分割払い…

上限30～35%
（理想は20～25%）

返済額を150万円と仮定した場合。もし自動車ローンの年間返済額が50万円だとすると、年間返済総額は200万円なので、返済負担率は40%。これでは返済負担率の上限を超えているので、審査に通る可能性が低いとわかります。

ほかのローンが加わって足が出ることがあるわけですね。

はい。ここで引っかかる人で多いのは、「車をローンで購入している」人ですね。

ということは、車を買うなら、家を買ったあとのほうがいい？

はい。現金で買うか、自動車ローンを完済できていればまったく問題ないですよ。あと、**スマホの本体を分割で購入した場合も、返済負担率に加味される**ことがあるのでご注意を。

■使わない「クレジットカード」は解約する

ほかにも注意点はあります。**「消費者金融系」のローンからの借り入れがあると、審査時にかなり不利**になります。

同じローンでも、借りるところによって印象が変わるんですか？

はい。審査時、大幅に不利になるので気をつけてください。**クレジットカードの支払い滞納や延滞、「キャッシング」も不利になりがち**です。

キャッシングって、クレジットカードで借金して現金を引き出すことですよね。僕は借りたことはないですが、「利用可能なのでキャッシング機能を付けませんか？」という通知をよくもらいます。

キャッシングやカードローンについては、利用可能枠が設定されているので、「その枠いっぱいで借金を」と勧誘されるわけです。その利用可能枠も、実は隠れ査定ポイント。**たとえお金を借りていなくても、全額借入金とみなされる**可能性があるんです。

キャッシング枠のあるカードを持っているだけで不利ってことですか？

梅田さんがその気になれば、いつでも現金化されるわけですよね。それって、実質「借入金」とみなすことができるんですよ。クレジットカードによっては自動的にキャッシング枠がついているものもあるので、一度整理することをおすすめします。

借金できる可能性があれば、借金とみなされる……

はい。だから、**利用していないクレジットカード、キャッシング枠やカードローン枠は、住宅ローンの審査を申し込む前に解約しておくこと**ですね。こういったことが審査で見られるわけです。

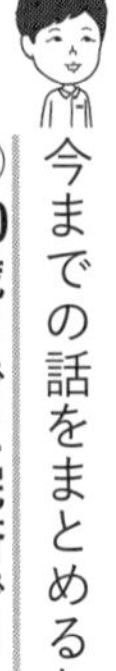

今までの話をまとめると、

①80歳までに完済できそうなプランで組む
②住宅ローン以外のローンを、新規に組まない、すでにあればなるべく先に返済する
③車を買うなら住宅ローンを組んだあとor現金で
④使わないクレジットカードは解約、キャッシング枠やカードローン枠は外しておく

が審査で落ちないポイントですね。

その通り。付け加えると、**⑤転職は住宅ローンを組んだあと！**

あ、さっき「勤続年数が大切」とうかがった件ですね。

そうです。ほかに「**健康状態**」も大事です。持病があると審査は厳しくなります。また、**携帯電話料金や公共料金の滞納歴**もマイナスに働くので気をつけてください。「滞納癖があるなら住宅ローンも滞納するのでは」と思われかねないので。

「自分」に関する審査チェックポイント

□「80歳」までに完済	□「転職」は住宅ローンを組んでから
□「住宅ローン」以外のローンを組まない、あれば先に返済する	□「健康状態」は◎か
□「車」は住宅ローンを組んでから or 現金で買う	□携帯電話・公共料金の支払いで「滞納」しない
□クレジットカードの「キャッシング枠」は外す &「使わないクレジットカード」は解約	

■「築年数」に気をつける
――「昭和56年」が境目

物件力も審査では見られます。とくに「いつ建築確認済証を受けたか」は大事な要素。昭和56年5月31日より前に建築確認済証を受けたマンションは、古い耐震基準で建築されており「旧耐震」と呼ばれます。**旧耐震の住宅を買う際は、耐震補強などで耐震性を満たしていなければ、住宅ローンの審査に通過しにくくなります。**

もし、返済能力が十分にあってもですか？

はい。なぜなら、もし地震で建物が倒壊した場合、ローンの借主はそこに住めなくなりま

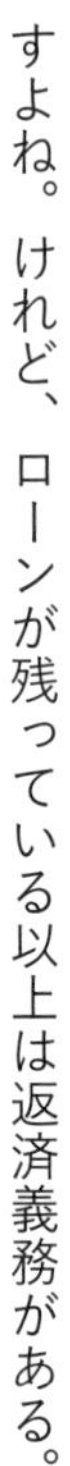

すよね。けれど、ローンが残っている以上は返済義務がある。

けど、実際に払うのは難しい……

すると、お金を貸した金融機関が回収できなくなって困ります。また、旧耐震の物件は新耐震より売価が安い。売却しても、金融機関がローン額を回収するのが難しいんです。

住宅ローンを払えなくなると、金融機関に売られてしまうんですか？

ざっくり言うとイエスです。住宅を担保にしてその資金を借りるので、借金が返せないなら家を回収して返済に充てる、というわけです。厳密には、ローンを契約する際に保証料を支払うのですが、その支払い先である保証会社が金融機関に残高を返済します。そして、保証会社からローンを組んだ人に全額一括請求がきます。それを返済できなければ、競売にかけられるという流れです。

保証会社？

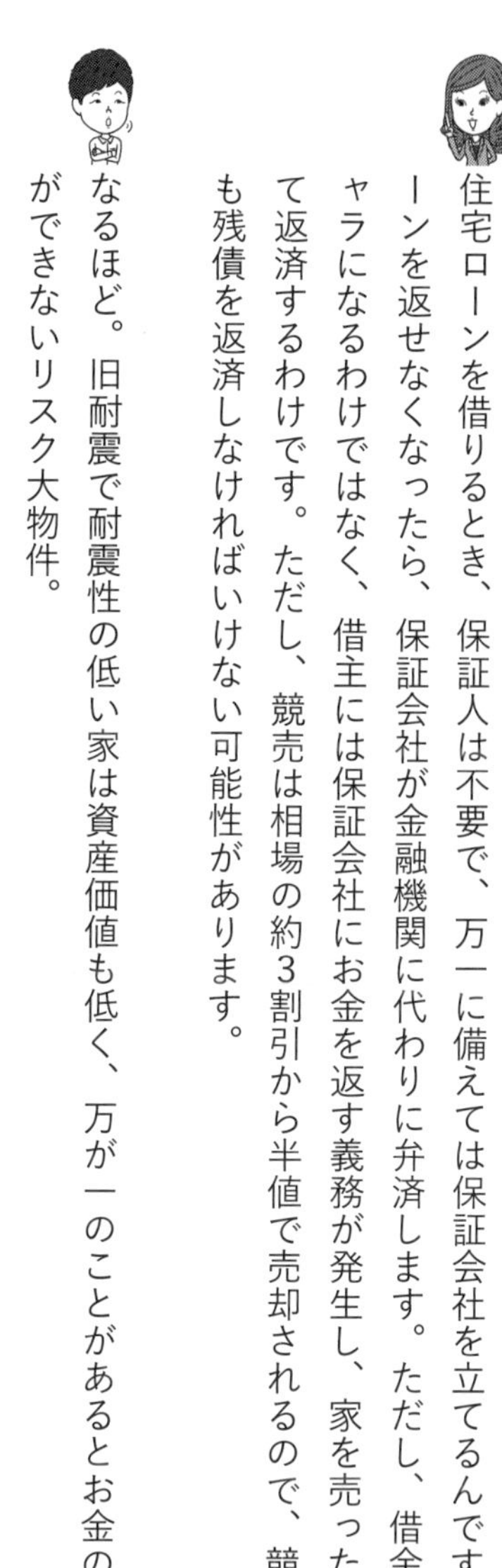

住宅ローンを借りるとき、保証人は不要で、万一に備えては保証会社を立てるんです。ローンを返せなくなったら、保証会社が金融機関に代わりに弁済します。ただし、借金がチャラになるわけではなく、借主には保証会社にお金を返す義務が発生し、家を売ったりして返済するわけです。ただし、競売は相場の約3割引から半値で売却されるので、競売後も残債を返済しなければいけない可能性があります。

なるほど。旧耐震で耐震性の低い家は資産価値も低く、万が一のことがあるとお金の回収ができないリスク大物件。

「昭和56年」の前か・以降か、建築確認済証を受けた年月日でわかります。築年数しか広告に書いてなければ、不動産屋さんに旧耐震か新耐震か確認しましょう。とくに**「きれいめの旧耐震マンション」には要注意。**たとえば築40年だけど、「きれいな外観と内装の物件」ってよくあるんです。そういう物件に限って、耐震性が低かったりしますから。

見た目に騙されてはいけない……

はい。「スケルトンリフォーム」といって、骨組みだけを残して見た目をきれいにリフォームすることはいくらでもできます。問題は、その骨組みの強度です。

住宅ローンは「どこ」で組める？

では、実際に住宅ローンを組もうと思ったら、どこに行けばいいんですか？

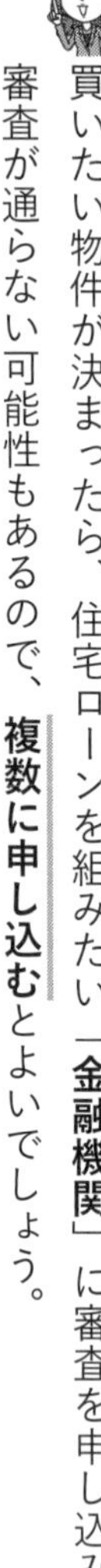

買いたい物件が決まったら、住宅ローンを組みたい「**金融機関**」に審査を申し込みます。審査が通らない可能性もあるので、**複数に申し込む**とよいでしょう。

え、いくつも同時に申し込んでいいんですか？

全然ＯＫです。

けど、すべての審査に通ってしまったらどうするんですか？

条件のよいところを1つ選べばいいんです。あとは、辞退の連絡をすればOK。

うーん……「住宅ローンを組みたい金融機関」と言われても、見当つきません。

まず、**普段使っている銀行で住宅ローンを検討**してみましょう。普段から付き合いのあるところのほうが、話は早いです。また、物件検討時に「○○銀行が提携銀行です」と言われることもありますが、そこにしないといけないわけではありません。

勘違いしそう……

具体的には、銀行の窓口に出かけて、収入などの個人情報や買いたい物件の情報を書類に書いて必要書類とともに提出すると、それが審査される流れになります。忙しければネット上から審査を申し込むこともできます。

「ネット銀行」は審査が厳しい

ところで、審査を受けて落ちたとき、理由を教えてもらえるんですか？

教えてもらえません。**審査基準も、審査結果の理由も原則非公開。**そもそも金融機関によって基準は異なります。「審査に通るかどうか」を事前に判断することは、プロでも正直難しいんです。ただ、**給与の振込口座があるなど取引歴が長い金融機関に申し込むと通りやすい**傾向があります。普段使いしている分、お金の流れを把握していて、審査がスムーズに進みやすいんです。

そこで落ちた場合は？

付き合いのない銀行に相談した場合、「じゃあ、今からうちの銀行のクレジットカードを作りましょう」という流れになることがあります。「取引がありますよ」という記録を作るんです。

付き合いのある銀行が通りやすくて、付き合いのない銀行からは「お付き合い」を提案される、と。そもそも、住宅ローンって、どこの銀行でも組めるんですか？

はい、銀行というより**金融機関**ととらえてください。その金融機関で「住宅ローン」を扱っていれば大丈夫です。信託銀行や信用金庫、労働金庫、保険会社などの金融機関でも、住宅ローンは組めますよ。

銀行以外でも、組めるところはたくさんあるんですね。

ちょっとニッチな情報もお伝えしておきます。**「財形貯蓄」を職場経由で積み立てている人は、そこで「財形住宅融資」という住宅ローンを組むことができます。**「財形貯蓄を1年以上続けている」「申込日前2年以内に財形貯蓄の預け入れを行っている」「申込日における貯蓄残高が50万円以上ある」などの条件を満たしている必要がありますが、保証料や融資事務手数料が不要で、金利も有利なことがあります。

組むところによって手数料などの条件が変わるんですね。

大事なことは「自分で探して、比較検討する姿勢」。金融機関によって諸条件が違い、返済総額が大幅に変わったりしますから。つまり「家探し」と同じです。

といいつつ、日下部さんのおすすめのところってありますか？

そうですね……推奨したいのは普段利用していて**「行きやすい店舗」がある金融機関**です。審査の申し込み時や契約時に足を運ぶので、自宅や会社から遠いと少ししんどいかもしれません。

「ネット銀行」はどうですか？　全部ネットでできる分、スピーディに事が運びそうですが……

ネット銀行は厳しいですよ。**対面での接触がない分、審査基準が厳しい**んです。

なるほど、イメージと真逆でした……

あと、いくつ受けてもいいのですが、その物件に対して「**1か所で1回**」が基本。落ちたからといって同じ金融機関の同じ支店に再チャレンジしても、結果は変わりません。

同じ銀行でも支店単位で申し込めるんですか？

はい。

「フラット35」ってなんですか？

あ、そうそう、梅田さんは「**フラット35**」って聞いたことないですか？

CMであります。

それも住宅ローンの1つですよ。

どんなローンですか？

通常のローン審査だと、「勤続年数が少ない人」「フリーランスの人」は、審査になかなか通りづらい。そういった人も含めて「多くの人に貸すこと」を前提とした住宅ローン、それが「フラット35」です。最長35年間、固定金利でローンが組めます。

「固定金利」ってことは、35年間ずっと同じ金利、つまり利子の％が変わらないってことですか？

その通り。大別すると、金利には「固定金利」と「変動金利」の2種類がありますが、**フラット35は固定金利しかありません。**変動金利はおおよそ半年ごとに景気によって％が変動する金利で、リスクがある一方、固定金利よりも若干安めに設定されています。

でも、フラット35だと、変動金利は選べないんですよね？

はい。**勤務形態や職業、勤続年数などの制限が少なく、**「多くの人に貸す」と間口を広げている分、金利については固定金利で手堅く設定しているんです。固定金利の場合、毎月の返済額が確実に読めますから。

「フラット35」はどこで組めるんですか？

全国で３００以上の金融機関が「住宅金融支援機構」と提携して扱っていますよ。契約社員や派遣社員などの非正規雇用の人。勤続年数の少ない人。自営業の人。産休中や育休中の人などでも組めます。

住宅金融支援機構？

国土交通省と財務省が所管していた「住宅金融公庫」の業務を引き継いだ独立行政法人です。半官半民的な組織なので社会情勢や景気に左右されにくく、信頼できます。

審査に落ちたらどうしようとドキドキして待つより、最初からフラット35に申し込んだほうがいいのでは？

いえいえ、フラット35はローンが組みにくい人でも借りやすい商品なので、あくまで通常のローンで組んだほうが有利なことが多いと思います。**固定金利しかないですし、貸すことが前提なので金利が若干高め**です。

（危ない危ない……）まずは一般の住宅ローンに受かるのを目指すべき、と。

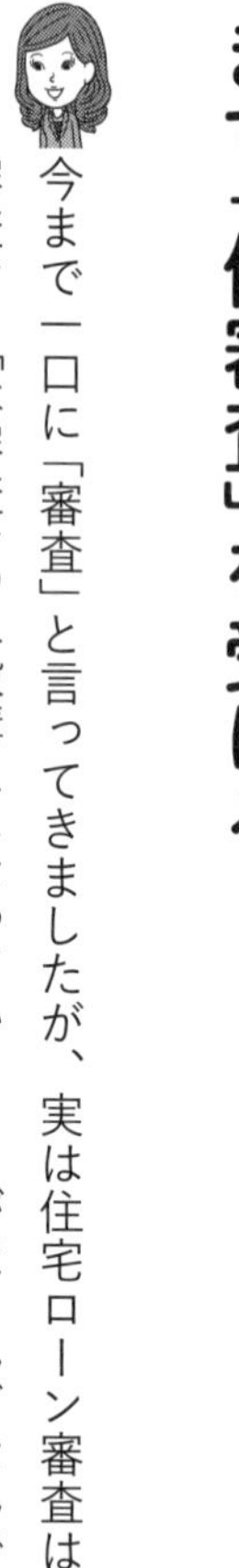

まず「仮審査」を受ける

今まで一口に「審査」と言ってきましたが、実は住宅ローン審査は前に少しお話しした「仮審査」と「本審査」の二段構えになっていることがほとんどなんです。

えっ、2回も審査があるんですか!?

本審査だとかなりの書類が必要なので、まずは状況と申込書で可能性を探る作業をするんです。必要書類が少なく簡単・スピーディに結果がわかる「仮審査」を、まずはいくつか受けてみてください。

まずは仮審査を複数受ける、と。

金融機関ごとに若干異なりますが、来店のほか郵送やＦＡＸ、ネットからでも仮審査を申し込めます。ＷＥＢ審査だと画面入力だけですぐ終わりますよ。その人の返済力や信用力を主に見ています。

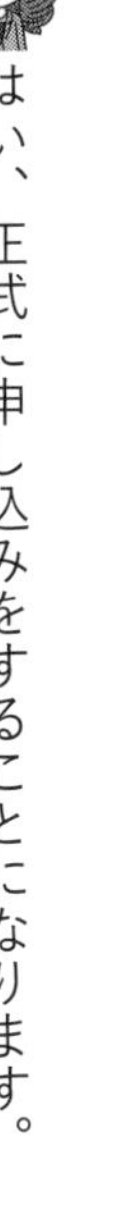

仮審査で受かったあと、本審査に申し込むんですか？

はい、正式に申し込みをすることになります。

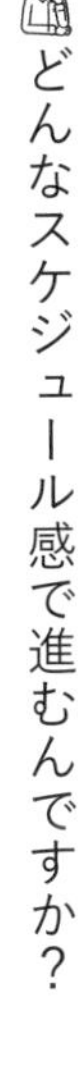

どんなスケジュール感で進むんですか？

まず仮審査をしてから、結果が出るまでに3日〜1週間。そこから「本審査」の正式申し込みをしてから1〜2週間程度で審査結果が出るのが一般的です。明確な日数は断言でき

ませんが、大体1か月で住宅ローンがおりるかどうか結果がわかると思ってください。もし複数受かったら、1つに絞り込みます。

仮審査で通っても本審査で落ちることもあるんですか？

見ている審査ポイントが違うので、残念ながら……。仮審査は借入額を返済できるかの「返済力」と過去にローンの延滞がないかといった「信用力」を主に見ています。本審査は物件の売買契約後にさらに詳しい書類のもと行われ、「返済力」に加えて物件に担保価値があるか「物件力」を見ています。

ということは、**仮審査に通る→物件の売買を契約＊→本審査に進む**、という流れなんですね。

はい。なので、売買契約を有利に進めるためにも仮審査に通っておきたいんです。大変ですが、仮審査にはいい面もあり、仮審査を済ませておくと、前述のように申込者が複数いるときや値引き交渉時、「この人は本気だな」と耳を傾け、真摯に対応してもらえるはずです。

＊万が一、本審査に落ちたときに備える「住宅ローン特約」についてはp234。

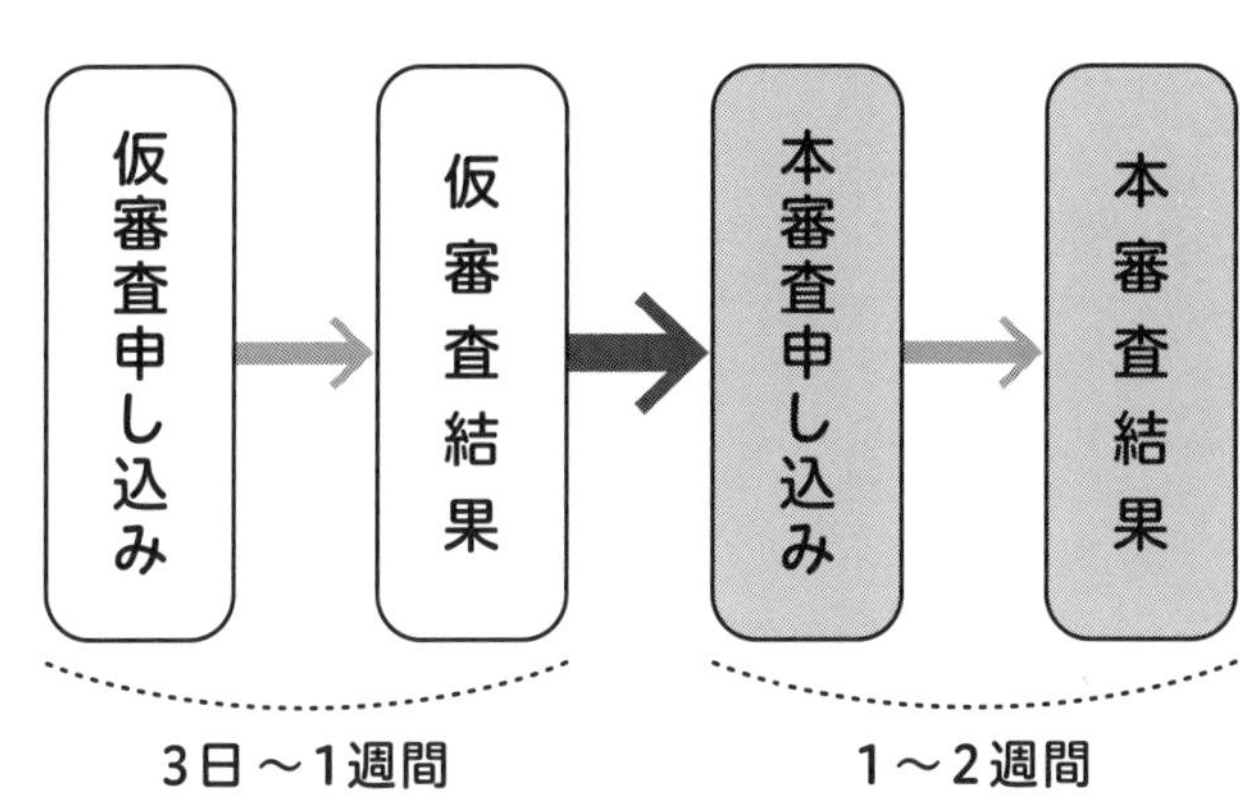

買い手の候補が多くなって「選ばれる側」に回ったとき、仮審査に通ったことが〝いい資格〟になる、と。

そうなんです。私も中古マンションを売るとき、候補者が複数いてどうしようか迷ったことがあります。

売る側の人からすると、どんな人に売りたいものなんですか？

早く家を手放せそうな「**資金力のある人**」です。奥さんがイラン、旦那さんがフランス国籍を持つご夫婦に買ってもらったことがあるんですが、そのときの決め手は「**もう、日本の大手銀行の仮審査を通っていますから**」という不動産屋さんのひと言でした。仮審査通過は、それだけ安心感があるんです。

家を買うとき、何を払うんですか？

■「頭金」を払う

ローンの仕組みは、一通りわかりました。けど、ローン以外でも、自分で払うお金を用意しておくんでしたよね。たしか「1円でも多いほうがいい」とか。

「頭金」ですね。**住宅の購入価格のうち、自分で最初に用意できる現金のこと**です。「いくら」というルールはなく、ゼロ円でも審査が通ることはあります。当然、頭金を多く用意するほど、毎月の返済は楽になります。

ちなみに、頭金の平均額っていくらぐらいですか？

「2019年首都圏新築マンション契約者動向調査（SUUMO調べ）」によると、平均は**1151万円**。ただし「200万円未満」の人は33・3%もいます。200万〜600万円未満の22・7%とあわせると、56%で半数を超えています。

平均1000万円超えと聞くと、ビビります……

首都圏なので物件価格が高いのと、それを買えるくらいお金持ちの人が平均値を上げているんだと思いますよ。よく言われるのは「**頭金は、物件価格の1〜2割**」が目安です。

■頭金は「1円」でも多く

頭金が少なかったとして、あとで家計に余裕ができたとき、まとめて返済することはできますか？　返済を早める、みたいな。

可能ですよ。「**繰り上げ返済**」ですね。ただ気をつけてほしいのは、住宅ローン控除適用中だと、控除額に影響したり控除が適用できなくなったりします。ローン残高が一気に減

るので。しかも、「繰上返済手数料」がかかることがあるんです。ネット経由だと無料も増えましたが……

せっかく繰り上げても手数料がかかることがある……

それに、実際は教育費や医療費などで、突然の出費がかさんでなかなか返済を繰り上げるって難しいんです。だから、未来の自分に期待しすぎず、シンプルに頭金を1円でも多く払うようおすすめします。

じゃあ、「家を買いたいな」と思ったときから、貯金を始めたほうがいい？

はい。**1円でも多く貯めましょう！**

■「ボーナス払い」はやめたほうがいい

「ボーナス払い」も要注意です。ボーナス時に、ほかの月よりも多く住宅ローンを返す返

済スタイルですが、社会情勢の変化でボーナス額が激減することもあるので。

ボーナスで返そうとするのは危険、と。

とくに2020年からのコロナ禍の影響で、急に返済が滞り、自宅を手放した人も出ています。「毎月の返済額を減らしたい」という気持ちが、仇（あだ）になることもあるわけです。

返済の途中で、ボーナス払いをやめられないんですか？

変更できるかどうかは金融機関や住宅ローンの種類によって異なります。変更内容によっては、変更手数料や再度金融機関の審査が必要なことも。変更できても「ボーナス払い」の分が毎月の返済額に上乗せされたり、返済期間が長引いたりして、借りたお金の残高が減るわけではありません。なので、はじめからボーナス払いをあてにせずに返済プランを立てることをおすすめします。

■「手付金」を払う

その後も生活は続くので、生活に支障が出ない範囲で頭金を多く払ってほしいのですが、頭金と関連して発生するのが「**手付金**」です。

すみません、手付金ってなんですか？

売買契約時に「契約成立を示す証拠金」として売主に支払うお金です。支払ったあとに、万が一買う側の都合で契約をやめるときは「**手付金放棄**」といって返金されません。逆に、売主の都合で契約を破棄したいとなったときは、「**手付金倍返し**」といい、支払った手付金の2倍の額を受け取ることになります。

大体いくら払うんですか？

手付金は**住宅購入代金の5～10%が相場**です。

相手を縛る「手付金」

買主　売主

戻ってこない

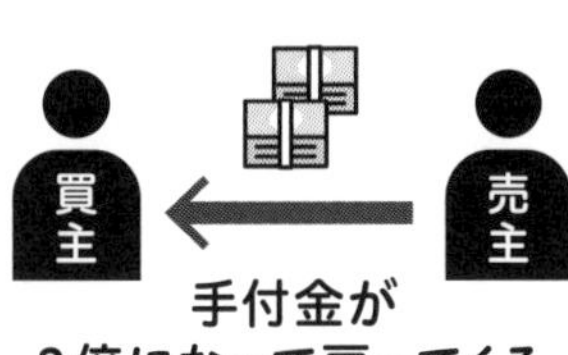

買主　売主

手付金が
2倍になって戻ってくる

＊ただし、売主側が契約の履行（売主が所有権を移す登記申請を行うなど）に
着手した場合、そもそもキャンセルできない

たとえば5000万円の家を買う場合は、手付金は約250万円～500万円？

はい。かなりの額になりますね。ただし、手付金はそのまま住宅購入代金に充当されるので、手付金が500万円の場合は、住宅ローンで支払う金額は残りの4500万円となります。

頭金と若干かぶってませんか？

その通りで、**手付金は最終的には頭金になります**。役割としては「相手を縛るため」のお金で、買い手が手付金を積むほど、売り手は契約解除をしにくくなります。先ほどのケースなら、売り手が「やめた」となった場合、

手付金倍返しルールで1000万円を売主は払わないといけませんので。

■「諸費用」がかかる

頭金、手付金以外にも「諸費用」がかかってきます。

えっ、諸費用って……？

不動産取得税、固定資産税、印紙代や登記費用、中古物件など不動産屋さんが間に入るなら仲介手数料、新築マンションなら消費税や修繕積立基金、引っ越し費用などです。

……これらがいわゆる初期費用？

諸費用に頭金を加えたものが初期費用と呼ばれ、現金で用意します。諸費用は新築マンションで物件価格の3～5％、新築戸建てや中古物件で6～10％、注文住宅は10～12％が目安とされています。たとえば3000万円の新築マンションなら、90万円～150万円が頭金以外に必要ということです。

■「不動産取得税」が発生する

さっき諸費用で出た「**不動産取得税**」ってなんですか？

文字通り、不動産を取得したことに対する税金です。新築も中古も、家の購入時に納める必要があります。

なんてピンポイントな税金……

一般的には購入から数か月後に納税通知がくるので、自分で納めます。新築の場合、売主であるデベロッパーやハウスメーカーが納付を代行してくれることもあり、その場合は「預り金」として少し多めに払ったりします。納税後、余った分は精算して返金されます。

不動産取得税はどれくらいするんですか？

土地と建物、両方にかかってくると思ってください。通常、土地と住宅にかかる不動産取得税の税率は同じで、「**固定資産税評価額**」×**4%**です。なお2024年3月末までは特例で「3%」に軽減されています。

「固定資産税評価額」？

各自治体にある固定資産税の窓口から毎年通知される評価額です。あと契約書に貼る印紙代として通例1万円～2万円が必要。これも「**印紙税**」という税金です。契約書や領収書など特定の文書に課せられる税金ですね。

また、税金……

■「登記」する費用の発生

土地と建物の登記費用も必要です。

「登記簿」と前に聞きましたが、そもそも登記ってなんですか？

法務局・登記所に、「ここの土地と建物を買いました。ここは自分のものです」と登録することです。戸建てだけでなく、マンションでも登録が必要ですよ。

それにもお金がかかるんですね……

原則「固定資産税評価額×2％」です。ただし、新築かどうかなどで多少上下します。また**登記する司法書士への報酬が数万円〜数十万円という単位で必要**です。

数十万円!?　登記って自分でするんじゃないんですか？

手続きがとても複雑で必要な書類も多岐にわたります。トラブルを防ぐためにも、登記のプロである司法書士に頼むのがベストです。売主が指定したり、不動産屋さん・ローンを組む金融機関から紹介されることもあります。

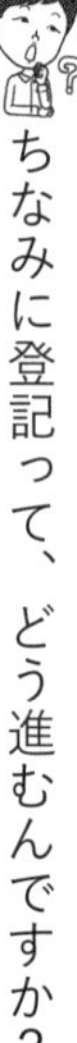

ちなみに登記って、どう進むんですか？

司法書士さんが、登記に必要な書類、契約の完了、残金、鍵の引き渡しなどを確認してから、物件の管轄の法務局に登録に向かいます。

「住宅ローン特約」は絶対つけたほうがいい

家を買うにあたっては初期費用が色々かかることはわかりました。

今言ったのは、物件に対しての初期費用。住宅ローンを組むにあたっても住宅ローンの初期費用が必要です。たとえば、新築・中古にかかわらず、**住宅ローンの「保証料」**。これは前に話した、ローンを組んだ人が不測の事態で返済できなくなったとき、保証会社が肩代わりしてくれる制度に払う料金です。どの保証会社を使うかは選べません。金融機関が決めます。

住宅を買うときにかかる代表的なお金

	項目	内容
	頭金	住宅ローンを組む前に払う物件購入費。物件価格から頭金を除いた額に対して、住宅ローンを組むことが多い。
	手付金	売主に買う意思を示すために、また売主を縛るために積むお金。購入が決まれば頭金に含まれる。
	印紙代	契約書に貼るもの。「印紙税」という税金。
	不動産取得税	不動産を取得したことに対する税金。 固定資産税評価額に対して4%。
	登記費用	自分が住宅の持ち主であることを証明したり、住宅ローンの抵当権を設定したりするための費用。司法書士に依頼することが一般的で、報酬として数十万円かかることも。
主に新築	消費税	建物に対してかかる。土地にはかからない。 ＊売主が一般の個人でない中古物件を買った際には、中古物件にもかかる。
主に新築	預り金	不動産取得税などが精算されて、あとで戻ってくる。
主に新築マンション	修繕積立基金	数か月～数年分まとめて先払いする。
主に中古	仲介手数料	上限：物件価格の3%＋6万円＋消費税 ＊不動産業者経由で新築物件を買った場合は、新築物件にもかかる。

＋

月々のローン返済

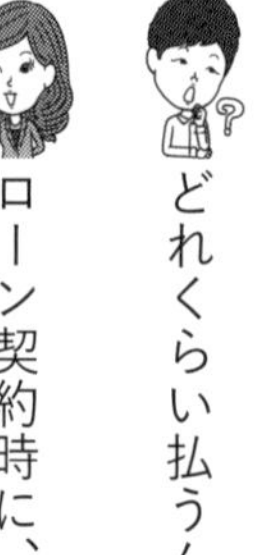

どれくらい払うんですか？

ローン契約時に、数十万円、場合によっては数百万円を一括で払います。

結構しますね……

0・2％など金利に上乗せして毎月支払うこともできますよ。ほかにも融資手数料やローン契約書に貼る印紙代など、**トータルで100万円ぐらいですね**。

払わなくてはいけないお金って多岐にわたるんですね……それにしても初期費用、たとえば頭金を抑えることは「最初の負担額が減るから節約になる」って勘違いしてました。ほかにもそんな落とし穴ってありますか？

「**住宅ローン特約**」ですね。お恥ずかしい話、私もこれを軽く見すぎて困ったことがあります。住宅ローンの借主を守る「特別な約束」なので、ぜひ付けてください。

どんな約束なんですか？

住宅を買うときは「住宅ローンが通るだろう」という前提で、売主と話を進め、手付金を払うなどの契約を交わします。ところが、住宅ローンは100％通るとは限らない。

審査で落ちる、ということですよね。

けれど契約後に住宅ローンが通らないと、売主とは契約違反になります。すると手付金が返ってこなかったり、売主から違約金を請求されたりしかねない。

あ、そうか。売買契約をしてから本審査に進むんでしたよね。

はい。新築で引き渡しまでに時間があったり、人気物件ともなると何人も候補者が押し寄せたりします。なので、買うと決めたらできるだけスピーディに話を進めたほうがいいんです。そんな場合、**審査は通るものとして契約を進めておくことも多いんです。そこで、「住宅ローンの審査が期日までに下りなかった場合に限り、ペナルティなしで契約解除で**

きる」という内容を契約書に入れるのが、住宅ローン特約です。

万が一住宅ローンが下りなかった場合に備えて、住宅ローン特約を売主との間で結んでおく、と。これはお金が発生するんですか？

お金の発生はありません。売主にとっては待たされたあげく契約が流れる可能性があるので、気の毒ではあるのですが……。買主を守る特約です。

「利子」の付き方を決める――固定か変動か

ここまでをまとめると、家を買うにあたって決めるべきことがいくつかありました。**①物件を決める**。「新築か中古か」「マンションか戸建てか」「分譲住宅か建売か注文住宅か」を検討して、物件を探す。

②ローンを組む金融機関を探す。

家購入にいたる一般的なスケジュール

物件購入の手続き

対売主

物件を見つける

申込書を書く
この段階はペナルティなしでキャンセル可

↓

自分に絞られる
- 重要事項説明を受け、契約を締結する
- ¥ 手付金
- ¥ 印紙代
- 住宅ローン特約をつける

↓

頭金
手付金がそのまま頭金になることが多い

↓

鍵の受け渡し
- ¥ 不動産取得税
- ¥ 登記費用
- ¥ 司法書士報酬
- ¥ 消費税や仲介手数料
- ¥ 修繕積立基金　など

住宅ローンの手続き

対金融機関

金融機関の検討

↓

仮審査申し込み

↓

仮審査通過

本審査申し込み

↓

本審査通過
住宅ローンの正式契約

↓

住宅ローン融資実行日
- ¥ 住宅費用（ローンで借りる分）振り込み
- ¥ 保証料
- ¥ 融資手数料　など

↓

¥ 返済

¥ ＝発生する支払い

その次の大きな選択が、**③金利の種類を決める**、です。変動金利か、固定金利か、自分で選ばないといけません。

「変動金利」はその時々の景気によって利子が変わる、「固定金利」は利子が変わらない、でしたよね。

おさらいすると、**「変動金利」は半年ごとに金利の見直しがあります。「固定金利」は固定された金利の付き方**で、金利は見直されません。毎月の支払い額がわかるので、安定感があります。長期のライフプランも立てやすくなります。

ただし、固定金利の場合、金利は変わらない代わりにやや高め、ですよね。

はい。固定金利のデメリットは、目先の金利が高い点です。長い目で見ても、金利を含めた返済総額が、変動金利より多くなる可能性があります。社会情勢や景気の動向に影響されやすい分、変動金利のほうが固定金利よりも低く設定されていますので。

でも、これからの景気を読んでベストな金利を決断するなんて、素人の僕にできる気がしないのですが……

変動金利はそんなに「変動」しない

「変動金利」という言葉に惑わされすぎないでください。たしかに、金利は半年ごとに見直されます。ただ、**「5年ルール」**というものがあり、**返済金額については5年間変わりません。また6年後に極端に増えたり減ったりすることもありません。**

え、そんなに乱高下しないんですか？

返済額を見直す際には**「前回返済額の125%を上限とする」**という**「125%ルール」**が働きます。ですから、**見直し後の返済額が見直し前の1・25倍を超えることはないんです。**

マックス1・25倍……急に2倍3倍にはならないんですね。

ただし、金利上昇による急な負担増を抑える制度なので、**免除ではありません。**たとえば本来１３０％になるところが１２５％になった場合、５％は免除されるわけではなく、ローン契約の終盤に返済を求められるなどが起こりえます。また、住宅ローンの種類によっては、そもそも１２５％ルールが適用されないのでご注意を。

例外もあるなら、１２５％ルールの有無や条件を金融機関に必ず確認したほうがいいですね。

はい。なかなか決められない人には、「**固定金利期間選択型**」という金利の付き方もあります。**借入後、一定期間は固定金利ですが、「その期間が過ぎると、自動的に変動金利に変わる。ただし手数料を払えば引き続き固定金利を選べる**」というスタイルです。しかも当初の固定期間は変動並みの低金利が多く、２つの金利のメリットのいいとこどり、いわば金利のハイブリッド、ですが……

ですが……？

固定期間終了後、変動金利に切り替わると金利上昇に対する返済額の上限について、ルールが定められていないんです。**「125%ルール」も適用されません。**

ということは、金利が爆上がりする可能性もあるということ？

はい。月々の金利の支払い額がうんと増えてしまう可能性があります。金利が上がっても返済可能か、検討しておく必要があります。

……それなら、「固定金利期間選択型」を選ばずに、固定金利から変動金利に変えることはできるんですか？

同じ銀行だとできないと思ってください。常に有利な金利に変更されたら金融機関もたまりませんので。この場合、別の金融機関で数十万円の手数料や保証料をかけて審査を受け直し、**「住宅ローンの借り換え」をすることになります。**

聞くからに大変そう……

はい。なので、最初から自分にベストな条件でローンを組むことに勝るものはありません。

「返し方」を決める——元利均等か元金均等か

最後に、もう1つ大きな関門が待ち構えています。**④返し方を決める**、というステップです。

返し方?

元金と利息を合わせた毎月の返済額が一定の「元利均等」と、**元金だけが一定の「元金均等」**、2つの返済方式があります。

……

これ、長い住宅ローンの説明の最後に言われるんですよ。ただでさえ、住宅ローンの説明は理解するのに必死で疲れます。そこにきて、こんなに似ていて、聞き馴染みのない言葉

を言われたら……

どっちでもよくなりそう……

それが多くの人の反応です。結局「よくわからない」と理解することを放棄する。みんな、説明を受けるうちにだんだん疲れてきて、最後は「たいした違いはないだろう」と窓口の人にすすめられたまま選んでしまうんです。

どちらを選んでも、あまり変わらないんですか？

いいえ、**適当に選ぶと恐ろしいことになりますよ。**

えっ……

元利均等も元金均等も、名前は似ていますが、中身は大違い。**トータルで見ると返済総額に大きな差があるん**です。

どちらが返済の総額を少なく抑えられるんですか？

「元金均等」です。まず「元金」とは利息を除いた住宅ローンで実際に借り入れるお金を指します。元金均等は、毎月返済する元金が固定で、「元金にその時点のローン残高に応じた利息が毎月付く」という形。たとえば、月々に元金として10万円返す契約の場合、「10万円＋そのときの残高に応じた金利」が毎月の返済額。元金が変わらないので「元金均等」です。

ということは、残高が多い最初のほうは返済額が高い？

その通り。一方、元利均等は、毎月の返済額が固定されていて変わりません。先ほどの例なら、「金利＋元金＝10万円」となります。最初のほうは金利ばかり払っているようなイメージなので、元金が減る速度は「元金均等」のほうが速く、毎月の負担はどんどん軽くなっていきます。

なるほど。銀行の人は、どちらをすすめてくるんですか？

元金均等と元利均等

例）毎月10万円返すとして

元金均等

元金10万円 ＋ 返済残高に応じた利息 ＝ 返済額（月々）10万円＋利息

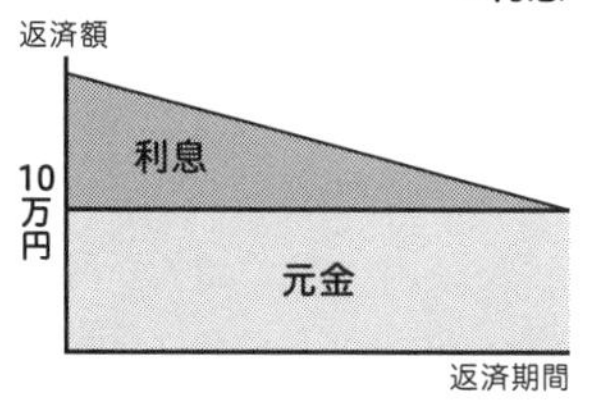

最初しんどいが早く返し終わる

元利均等

元金 ＋ 利息 ＝ 返済額（月々）10万円

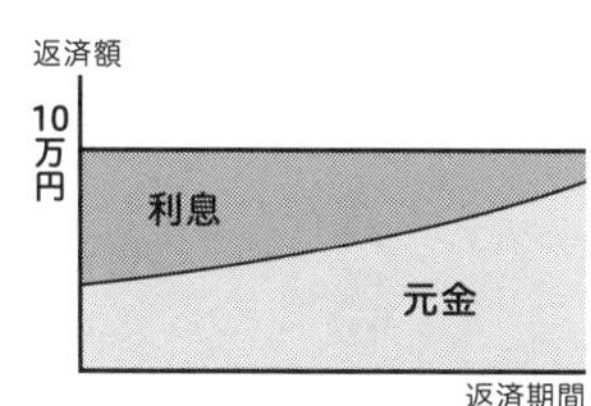

トータルの返済期間が長くなり返済額も増える

その銀行の方針や借主の状況によって変わります。当初の支払いに借主が耐えられそうなら「元金均等」を、毎月の家賃と同じなど定額が望ましそうなら「元利均等」をすすめられます。

「書類」を揃えるのに時間がかかる

ローンを組むときに必要なお金や金利の知識をお話ししましたが、「書類」も重要です。ここで、説明しておきましょう。

お願いします！

「**本人確認のための書類**」「**収入確認のための書類**」「**物件確認のための書類**」。この3本柱があると覚えてください。行政で発行してもらう書類も多くて、場合によっては仕事を休んでの対応も頭に入れておきましょう。必要な書類をまとめると次の通り！

混乱してきた……

全部覚えなくても大丈夫。ローンを組む金融機関から指示されるのでその通りに書類を揃えればOKです。今、知ってほしいのは、「**用意しないといけない書類が結構あって、それを揃えるのに時間がかかる**」ということです。

「数日、書類の準備に必要」と思っておきます。

「団信」には必ず入る

たくさんの必要書類をすべて揃えて、ローンを借りる契約の段階になったとき、もう1つ

住宅ローンを組むとき、必要なものの例・一覧

本人確認

- ローン申請時
  運転免許証、パスポート、健康保険証などからいくつか
- ローン審査時
  住民票（世帯全員の続柄の記載があるもの。交付から3か月以内）
- 契約締結時
  実印とその印鑑登録証明書
  返済口座の通帳

収入確認

- 前年の源泉徴収票
- 住民税の「決定通知書」（毎年5～6月に送られてくる）もしくは「課税証明書」
- 納税証明書（税務署から発行）、所得証明書

物件確認

- 売買契約書
- 重要事項説明書
- 購入予定物件のパンフレット、間取り図
- 工事見積書
- 工事請負契約書
- 建築確認申請書
- 建築確認済証
- 検査済証
- 登記簿謄本
- 公図
- 地積測量図
- 建物図面
- 配置図
- 立体図

＊物件によって上記からいくつか

聞かれることがあります。

なんですか……?

「**団信の特約はどうしますか?**」と聞かれます。

「団信」って、ローンを組んだ人が亡くなっても、残された家族が家を出ていく事態を避けられる保険でしたっけ? 前に聞いたことがあります。

それです! 正式名称は「**団体信用生命保険**」という保障制度で、多くは金融機関が契約者となり保険に加入します。住宅ローンを組んだ人が返済途中で亡くなったり、高度障害など不測の事態に陥った際、保険会社が金融機関にローンを完済してくれる仕組みです。保険料は、契約者が金融機関なら、その金融機関が支払うことが多いです。

「肩代わりして完済してくれる」ということは、亡くなった人の家族は、ローン負担なしでその家に住める?

はい。住宅ローンの残りは団信の保険金によって支払われるため、「相続人」に指定された配偶者などが住宅ローンを背負うことはありません。ただし、住宅の所有権が移るので、亡くなった方の遺産総額によっては「相続税」が発生する可能性があります。

ローン未完済でも家は家族のものになり引き続き住める。ただし、相続税対象になる、と。

はい。とはいえその相続税も、よほどの高所得者でない限り「控除」や「特例」などがきいてゼロになることが多いですよ。ただ、通常の団信ではガン・心筋梗塞・脳卒中の3大疾病や病気・ケガなどは保障されないので、金利の上乗せをして「特約は付けますか」と聞かれるんです。

特約を聞かれるということは、団信そのものへの加入はマスト？

団信が必須条件の金融機関と、そうでない金融機関があります。必須の金融機関は通常の団信は無料、特約付きはさらに金利上乗せが多いですね。とはいえ、必須条件ではなく実費の場合でも、小さいお子さんがいるなら団信には加入しておいたほうが安心です。

「火災保険」は水漏れもカバー

ほかに**「火災保険」に入ること**もほぼマストです。賃貸でも、火災保険への加入がほぼ絶対条件です。

でも、火事なんてそうそう起きないですよね？　それなのに、保険料を払うのは損な気も……。起きてからでは遅い、というのはわかるんですが。

火災保険料って年間で数千円程度と安いんです。なのに補償範囲は非常に広範囲。「自分が火事を起こしたとき」だけでなく、もらい火にあったときにも補償されます。ほかに、**落雷・風災・台風・豪雨による損害、漏水などによる水漏れの損害、盗難による損害、外部からの物体の落下などによる損害**についても補償されます。

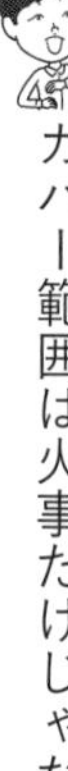

カバー範囲は火事だけじゃないんですね！

はい！　なので、トラブルが起きたら、まずは火災保険のことを思い出してください。

でも、天災って時代が進んでも減りませんよね。保険会社の支払う保険金も、減らないんじゃないですか？

その通り。だから**支払う火災保険料が、軒並みどんどん上がっている**んです。

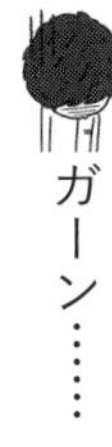

ガーン……

もし火災保険料を抑えたいなら、2～10年の保険料を一括で支払う「長期一括払い」や「長期年払い」がおすすめです。長期割引が適用されるのでお得になります。

「地震で起きた火事」は火災保険の対象外

天災として忘れてはいけないのが「地震」。加入が義務付けられているわけではないです

が、「**地震保険**」も一般的です。「火災保険とセット」でしか入れないという、ちょっと特殊な保険なのですが。

地震だけに備えるのはできないんですか？

はい。火災保険に加入していないと地震保険には加入できません。火災保険でカバーできない火事などを補償する保険なので。

火災保険でカバーできない火事？

地震や噴火、津波が原因の「火災・損壊・埋没・流失」による損害については、「火災保険」ではなく「地震保険」の補償対象。たとえば、地震が原因の火事は、火災保険では補償されず、地震保険の加入がないと補償されないんです。

火災保険はカバー範囲が広いけど、全部の火事が対象じゃないんですね。

ただし、地震保険の補償に過度な期待は禁物です。前にも話しましたが、**地震保険だけで建物を建て替えたり、家財をすべて買い直せたりするかどうかは確約できません**から。

補償額が低いんですか？

地震保険の補償金額は、「**セットで加入している火災保険補償額の30～50％の範囲**」となっています。しかも上限があり、**建物は５０００万円、家財は１０００万円**。たとえば火災保険の建物の補償金額が２０００万円の場合、地震保険の補償金額は６００万円～１０００万円です。しかも、補償金の支払い基準は「一部損」から「全損」までの４段階に分かれていて、上限額が必ず支払われるわけではありません。

「４段階」って、それぞれどれくらい払われるんですか？

「全損」で補償金額の上限１００％、「大半損」で60％、「小半損」で30％、「一部損」で5％です。

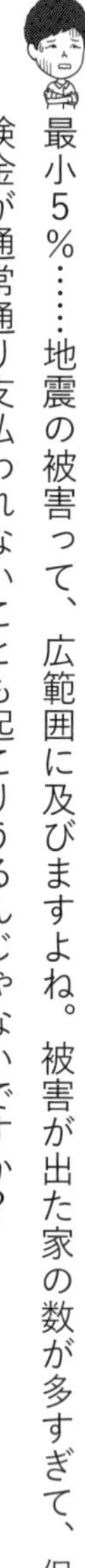

最小5％……地震の被害って、広範囲に及びますよね。被害が出た家の数が多すぎて、保険金が通常通り支払われないことも起こりうるんじゃないですか？

たしかに、巨大地震が起こると、多額の保険金支払いが発生します。でも、保険会社の支払い能力には限度がある。だから、**保険会社に限らず、政府も保険金の支払いに関与する**ことになっています。このような仕組みが固定されているので、各保険会社で、保険金の支払いに差はありません。なので、どこの保険会社で地震保険に入っても、補償は同じと思っていただければ。

日本は地震大国。それに、比較検討しなくていいし、被害に遭えば必ず支払われるなら、家を買ったら火災保険と地震保険にセットですぐに入ります。

居住地域や建物の構造によっては、保険料が高くなることもあるのでご注意を。また、「**地震発生の翌日から数えて、10日経過後に生じた損害**」**には、保険金は支払われません**。たとえば、地震発生翌日から11日目にコンクリート塀が崩れたとしても、補償対象にならないんです。地震から時間が経っているので「地震との関連を認めにくい」という理由です。

人に貸してはいけない「マイホーム」がある

ふと思ったのですが、ローンを無事に組んで保険にも入り、新しい家で暮らし始めても、借金中ですよね？　それでも「マイホーム」なんですか？

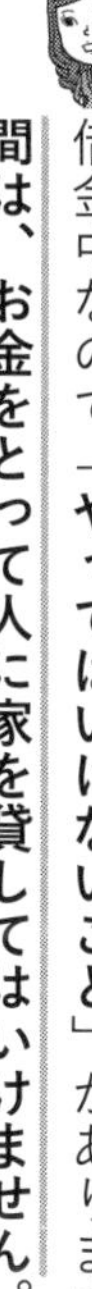

借金中なので「**やってはいけないこと**」があります。たとえば、**住宅ローンを組んでいる間は、お金をとって人に家を貸してはいけません。**

え、ダメなんですか？

もしそれがローン返済中であれば、契約違反です。でも「急な海外出張などで、賃貸に出さざるを得ない」という場合は、不動産投資ローンに借り換えるなどすると賃貸に出すことができます。いずれにせよ、**住宅ローンを組んだ金融機関に相談はマスト**です。

ローンの借り換えって、結構大変なんですよね。

でも、独断で動いて、住宅ローン返済中のマイホームをこっそり貸していたのがバレた場合、**最悪、残高の一括返済を求められることも。**だから、ローン契約時の条件と自分の状況が変わりそうなときは、住宅ローンを組んだ金融機関に相談してください。

でも、「ローン返済中のマイホームを他人に貸すこと」がなぜそんなに悪いんですか？

住宅ローンはあくまで「居住のために組むローン」。だから、当事者が住む以外は目的外となるんです。それに、低金利で不法に儲けることができてしまいますから。

ん？　どういうこと？

絶対やっちゃダメですよ。

……はい。

住宅を購入する際、本人の居住目的に融資される「住宅ローン」と、収益を得る投資目的に融資される「不動産投資ローン」の2種類のお金の借り方があります。通常、**不動産投資ローンのほうが金利は高い**。住宅ローンの金利が0・3～1％ぐらいだとしたら、不動産投資ローンは2～4％ぐらいにまでなります。

住宅ローンは良心的……

はい。金利の低い住宅ローンで投資物件を買って、それをこっそり人に貸せば、不動産投資ローンの利用時より多く儲けられる。そんなカラクリに目をつけ、「住宅ローンで買った部屋を、ほかの人に賃貸物件として貸し出し、利益を得る」事案が近年多発しました。そんな不正が明らかになると、金融機関からは一括返済を求められることもあります。

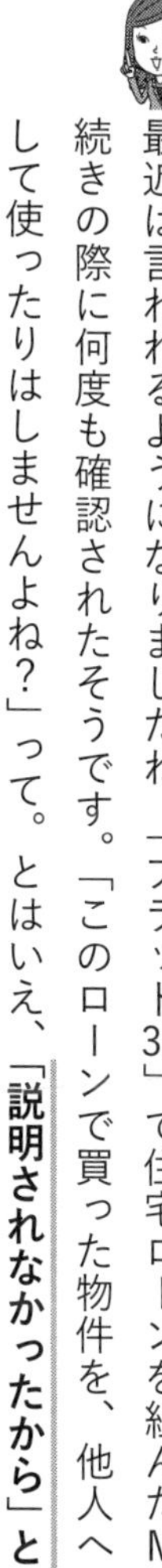

ローンを組むとき、その点について注意されないんですか？

最近は言われるようになりましたね。「フラット35」で住宅ローンを組んだMさんは、手続きの際に何度も確認されたそうです。「このローンで買った物件を、他人への賃貸用として使ったりはしませんよね？」って。とはいえ、**「説明されなかったから」というのは理**

由になりません。

「住宅ローンを返し終わっていないと、人に貸してはダメ」……覚えておきます。

「3万円」の返済手数料を0にするテク

家を買い、ローンを払い終えたら完全に自分のものですよね。そうなったら、人に貸してもいいんですか？

はい、好きにできますよ。その前に、住宅ローン完済時のプチテクニックをお話ししておきますね。

なんですか？

繰り上げ返済を前に紹介しましたが、繰り上げ返済にも「一部繰上返済」と「全額繰上返済」があります。**あと数か月で借金が返せる、と思うと一気に返したくなりますが、全額繰上返済は行わないほうがベター**です。

えっ、少しでも早く返したほうがいいのでは？

一部繰上返済はネットで手続きすると無料のことも多いですが、**全額繰上返済は5000円〜3万円ほど手数料がかかります。**なので、最後の1か月分をあえて残していつものように自動引き落としで完済させると、無駄な手数料を払わないで済むんです。1か月分の利息と繰り上げによる手数料、どちらがお得かよく検討したうえで判断してください。

ローンを返し終えたら「抵当権」を自分で外す

ローン完済後にもやるべきことがあります。金融機関が住宅ローンを貸すとき、担保としてその物件を確保している権利を証明するために「**抵当権**」を設定します。**ローン完済後は、法務局でそれを抹消する必要がある**んです。

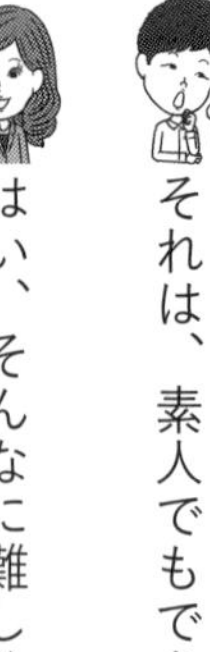

それは、素人でもできるんですか？

はい、そんなに難しくないですよ。司法書士に頼む場合は、1万円～2万円が相場です。

その手続きを怠るとどうなりますか？

「登記事項証明書」には抵当権がついたままになるので、**登記上は「ローン未返済」とみなされます**。手続きに期限はありませんが、買い換えなど、その物件を売却するときに不利になったり、ほかのローン審査に通りにくくなったりします。金融機関が発行する書類には期限があったりするので、3か月以内を目安に手続きをしましょう。

返せなくなったらどうなる？

最後に「ローン返済が滞った場合」の話をさせてください。1か月でも滞納すると危険ですが、**本格的にやばくなるのは「半年」**です。

……ローンを途中で返せなくなったら家を没収されるんですよね？

厳密には、ローンを組んだ金融機関もしくは保証会社に差し押さえられ、家を手放すことになります。前述したように「競売」にかけられるんです。

オークションみたいなやつですよね？

その通り。**家に設定している抵当権を実行して競売にかけ、競売代金から借金を回収しようとします。**

「抵当権を実行する」って、家を回収して現金化することなんですね。

はい。借金が返されない場合には、「債権者」つまりお金を貸した側は抵当権にもとづいて家を競売にかけ、その代金を借金の弁済に充てることができます。

それが始まるのが「半年後」なんですか？

そうです。返済の滞納後1~2か月は支払い催促と遅延損害金の請求書が届き、3か月を過ぎると**催告書**が届いて「このままだと分割返済の権利がなくなり、保証会社に代位弁済を求める」と言われます。ローンを月々返す権利が消失するんです。

……

6か月を過ぎる頃、「期限の利益喪失通知」という書類が届いて分割返済の権利が正式になくなり、その後、「代位弁済通知書」という書類が届きます。この段階で「自分で売却したい」などと申し出なければ、競売開始。家の所有権は落札者に渡り、**立ち退き交渉**が始まります。立ち退かない場合は不法占有者となり、**立ち退きが強制執行**されます。

……

昔はもう少しゆったりとした流れでした。「滞納を半年待ってもらった」という話を聞いたこともあります。今は、**最速約3か月で競売**になるケースも珍しくありません。

あの……「競売」ってことは、競売に出ている家を僕が買うことはできるんですか？

はい。昔に比べると手続きが簡素化したので、一般の方の参加も増えました。相場の3～5割引で買えます。ただし、「滞納した管理費等を肩代わりしないといけない」などの可能性もあるのでご注意を。

なるほど。とはいえ、やっぱり自分の家が競売にかけられるのは悲しいですね。ローンを返せなくなったときの救済策はないんですか？

競売開始の前に「**任意売却**」を申し出ることはできます。先ほど言った「自分で売ります」という宣言です。競売だと相場価格の70％など強制的に安価で売られますが、任意売却だと相場価格で売却できる可能性があります。ただ売却できても住宅ローンの残債に充てられますし、それでも返しきれない分がチャラになるわけではありません。くれぐれも住宅ローンは「借金」だということをお忘れなく。

……覚悟を持って住宅ローンを借りるようにします。

とはいえ、住宅ローンを組んで家を買うのがゴールとは限りません。「買って終わり」の人もいますが、次にあるのが「売る」ステップです。

家を売るなんて、僕にはレベルが高すぎる気が……

いえいえ、「売り」は一部の投資家だけの話ではなく、今は一般の人も普通に売る時代です。梅田さんが家を買って、その家を手放さないとも限りません。家を手放す方法も見ておきましょう！

たしかに、売るとなっても知識がなければ困るのは必至……ぜひお願いします！

COLUMN

注意したい「土地権利」の話——「定期借地権」はいずれ立ち退く必要が

住宅を買うときは、土地や敷地利用権が**「所有権」か「借地権」か、どちらの権利なのか**に気をつけてください。

「所有権」とは、「その土地の所有者になれる」という権利。一方「借地権」は「土地の利用権利と建物の所有権は買主にあるけれど、土地の所有権は引き続き地主が保有する」タイプの権利です。「借地権」にはいくつか種類があり、ここでは「普通借地権」「定期借地権」を取り上げます。

「普通借地権」とは、契約期限があるものの、更新すれば半永久的に借りられる権利。そして注意したいのが「定期借地権」。これは、契約終了後は更新ができず、更地にして返さなければいけない権利です。

たとえば「定期借地権」の契約が 50 年のマンションを築 30 年の時点で買った場合、契約の残存期間は 20 年となります。

借地権のメリットは、借地権の土地や建物は、所有権の物件と比べて 2 ～ 3 割安く購入できる点です。また、地主が所有権を持っているので土地に固定資産税がかかりません。一方で、金融機関によっては住宅ローンが組めなかったり、借地権の残存期間が少ないほど、売却しにくい傾向があったりします。

また、イレギュラーな出費を求められることもあります。「定期借地権 72 年のタワーマンション」が話題になったことがありまし

COLUMN

た。この物件では、管理費・修繕積立金のほかに「**解体積立費**」が毎月徴収されています。期限後、更地にするための費用を積み立てているというわけです。

「所有権」の物件が多いですが、「定期借地権」付きのものも存在するので注意が必要です。

3章

家って どうやって 売るんですか?

売却についての話

「住宅ローン」が残っていても家は売れる？

「家を売る」という話ですが、「自分が住んでいた家を売る」ってどういうことか、イメージできません。

実際に経験しないとわからないですよね。

そもそも、ローンをすべて返し終わっていなくても売れるんですか？

ローンが残っている状態でも、家を売れますよ。

そうなんですか!?

その後に賃貸物件を探して借りてもよし、新しく物件を買ってもよし。とにかく「家を売って入ってくるお金」でローン残高をすべて払えればよし、という考え方です。

ん、ということは……ローン残高よりも多い金額で家を売らないといけない？

厳密には、**家を売ったお金と自分の手持ちのお金でローン残高を返す必要があります。**家の買い手を見つけて引き渡すとき、ローン残高をすべて返済できれば売ることができます。ローンを全額返済することで、抵当権を外せるので。

やっぱり難しそう……

はっきり言って、簡単ではありません、家って高いので。希望価格で家を売るなんて、買うよりもはるかに難しい。それに今は人口が減っているのに住宅は余っているアンバランスな状態。買い手がすぐに現れるとも限りません。

「買い手」はどうやって見つける？

中古物件って、売主は個人でしたよね。もし僕が家を売る場合、買い手をどう探せばいいんですか？　物件広告の出し方も、わかりません。

ネット上に広告を出したい場合も、**まずはリアルな不動産屋さんに行く**のが正解です。

最初はリアル店舗に行く。

自分で買い手を見つけることも可能ですが、やはり家を売るプロである、不動産屋さんに仲介してもらうのが一番です。不動産屋さん経由でポータルサイトに掲載できますし、チラシ配布や店舗に広告を貼ってもらったり、その不動産屋さんの見込み客にも案内してもらえたりします。広告が掲載されたあとは**じっと待ちます。ひたすら待ちます。**

……買い手が見つからない場合は？

不動産屋さんと作戦会議ですね。販売価格を下げて様子を見ることもありますが、急ぐなら買い取りをしている不動産屋さんに買い取ってもらう方法もあります。ただし、買い取りの場合は非常に安い値段で売ることに。一方で買い手がつかない状況が長引くと、「**現**

在の家」と「新居」のローンや家賃、つまり二重払いを抱えることもあります。**3か月かけて売れないと、長引いている**感覚です。

家を売ってから新しい家を買うパターンはないんですか？

引き渡しまでの期間にもよりますが、売る＝住むところがなくなるので、入念に新居を探すなら、実家に引っ越すか賃貸の住宅を1回挟むなどする感じですかね。

じゃあ、先に新居を買っておくべき？

ローンを組んで家を買うってすぐにできる話ではありません。審査に落ちることもあります。なので、次も持ち家に住むなら、新居を先に買う「買い先行型」が現実的ですね。

なるほど。

不動産屋さんに「仲介」をお願いする

不動産屋さんに仲介を依頼するとき、1社だけしか頼めないんですか？

いえ、**3社、4社と複数に頼んでも大丈夫**です。成功報酬なので、依頼料などは発生しません。

……どうやって3社も4社も選べばいいですか？

不動産屋さんのいい選び方がありますよ。「**仲介を頼んだら、どういう売却活動をしてくれますか？**」**と確認すればいい**んです。「うちは不動産サイトの◎◎に出します」「うちは●●部ポスティングします」と答えてくれますよ。あとマンションの場合は、その物件を取り扱ったことがあるかを聞くと実績がわかります。

なるほど。1社に絞って「あなただけにお願いするから、ぜひ注力して売ってください！」

というのもありですか？

はい、「あえて1社だけに頼む」という手もあります。1社と「**専属専任媒介契約**」か「**専任媒介契約**」を結ぶという手法です。一生懸命な不動産屋さんに当たればいいのですが、一方で両手仲介ねらいで他社から問い合わせがあっても「もう話が進んでいます」と断る、いわゆる「**囲い込み**」をする不動産屋さんもいるのでご注意を。

……すみません、まず「媒介契約」ってなんですか？

「仲介をお願いする」ということです。先の2つの媒介契約は、どちらも契約期間中「レインズ」に登録するなど、基本的には買い手を積極的に探してもらえます。違いは、専属専任は販売活動の報告が7日に1回以上で、専任だと14日に1回以上になるなどです。ただ、専属専任だと売主が自分で買い手を見つけても必ず不動産屋さんを通すことになるので、専任でいいと思いますよ。

「レインズ」に登録されることには、売主側にもメリットがあるんですか？

「レインズ」は不動産会社しか見られないサイト。ということは、**ほかの不動産屋さんも売却活動の戦力になる**と思っていただければ。依頼していない不動産屋さんがお客さんに売却中の物件を紹介してくれて、気に入る人が現れることもあるので。この場合、売主側と買主側、それぞれに仲介がつくので「片手仲介」ですね。

先ほど「他社から問い合わせがあっても断る『囲い込み』に注意」とのことでしたが、これはレインズに載ることで他社も見られるから発生しうる話なんですね。

そうです！

何社か頼んで、もし複数の買い手が現れたら、どうすればいいですか？

原則は先着順ですね。ほぼ同時の場合は、引き渡し時期の諸条件が合う人や現金のみで購入、住宅ローンの仮審査が済んでいるなど、確実に買えそうな人がいいです。ローン審査の期間、売主は待ちぼうけになりますし、その間の固定費を負担しないといけませんので。

「購入申込書」を書いてもらう

無事、買主が見つかったら、次は何をすれば？

不動産屋さんを通じて**「購入申込書」、通称「買付証明書」**を買主候補の人に書いてもらいます。

あ、購入希望の人がモデルルームで書くのと同じやつですか？

はい、それと同じです。申込書とはいえキャンセル可能で、いわば事前の審査です。買い手の「勤め先」「年収」などの個人情報や「住宅ローンの状況」「購入希望金額」「手付金の金額」「契約予定日」「引き渡し予定日」などを記入する欄があります。それを見て売主が「その人に売る」と判断したら、「契約日」「引き渡し日」の決定へと進みます。

どの項目が一番大事ですか？

住宅ローンの状況です。たとえば仮審査が通っていたら、話の展開は早くなります。あと、「購入希望金額」「手付金」の額もよく見てください。

購入希望金額が販売価格と違うときは値引き希望？

はい。希望金額を受け入れるかは売主の判断ですが、悩んだら不動産屋さんにご相談を。あと手付金は、「契約日」から「引き渡し日」まで時間がかかるので、その時間を考慮し、いわば「買うのでご安心を」という**保証金的**に代金の一部が先払いされる仕組みです。なので**手付金の制約は、実際の契約後から引き渡しまで発生する**と思ってください。

じゃあ、僕が家を売る場合、最初に受け取るお金は手付金ですか？

その通り。家を売る場合の流れを整理すると、

①仲介してもらう「不動産屋さん」を探す
②仲介を依頼して、「買い手」を探す
③買い手が見つかったら、「購入申込書」を受け取る

④購入申込書を確認しながら、この人に売るか判断する
⑤話がまとまれば、売買に向けて「正式」に話が進む
⑥その後「契約日」がくる。「手付金」が振り込まれ、お互いに手付金の制約が発生する
⑦めでたく「引き渡し日」がくる
ということですね。

「売り方」を決める——現況か、きれいにするか

家を売るとなった場合、まず決めることがあります。それは、売る家の状態。そのまま売る、つまり「**現況で売る**」か、「**きれいにして売る**」かの2通りです。

きれいにしたほうがいいんじゃないんですか？

もちろん、業者さんにハウスクリーニングを頼んできれいにしてから売ったほうが、家の売値は上がりますし、決まるのも早い。でも、**売り出す時期によっては、現況でもスムー**

ズに売れることがありますよ。

そうなんですか？

需要と供給の問題なので、買い手が多い時期は売れます。つまり「早く買いたい」というお客さんが多い時期、たとえば春なら、現況のままでも売れやすいわけです。

反対にお客さんが少ない時期は、きれいにして売ったほうがいいんですね。

ご名答。だから、仲介してくれる不動産屋さんと作戦を立ててるんです。なかには、**無料でハウスクリーニングをしてくれる不動産屋さんもあります**よ。

不動産屋さんがしてくれるんですか？　しかも無料で？

ただし、「3か月間、その不動産屋さんにしか出さない」というような条件をのむ必要があります。先ほど紹介した「専任で出す」方法です。

やっぱり専任で出すほうが売れやすいんですか？

そこが悩ましいところで、3か月経っても売れないこともあります。不動産はタイミング次第。3か月の様子を見て、ほかの不動産屋さんに頼むか判断することになります。

ここでも売りの期間として「3か月」がきいてくるんですね。

はい。ちなみに現況で売るにせよ、買い手候補が内見に来るときにはなるべくきれいにしたいもの。住みながら売る場合は、物は実家に送るなり貸倉庫に預けるなりして、極力減らしましょう。

「売るときの不動産屋さん」と「購入時の不動産屋さん」は別でOK

家を売るには、不動産屋さん選びが肝心だと感じました。となると、気心の知れた「買ったときの不動産屋さん」を再び頼ったほうがいい？

それもアリです。その物件の情報を知っていますから。ただ、過去の関係よりも、「その家を売る力」がある不動産屋さんを見つけましょう。**「その物件がある地元の業者」や、「同じマンションの別の部屋の販売歴が多数ある業者」が理想**です。

買った不動産屋さんと売る不動産屋さんは別でいいんですね。

はい。何より大事なのは「**その物件のことをよくわかっていること**」。そうでないとお客さんに、その物件の魅力をしっかり説明できないですから。

地元のことをよく知っている不動産屋さんなら、環境面を含めてプッシュする材料をたくさん持っていそうですね。

同じマンションで販売実績のある不動産屋さんは、物件名で検索してまさにほかの部屋を売り出し中だったり、ポストに投函されているチラシで見つかったりします。そういう意味では、買った不動産屋さんは売った経験のある不動産屋さんでもあるので、ほかにも同じマンションの部屋を売っているようなら頼ってもいいかもしれません。

「査定」で家の値段を考える

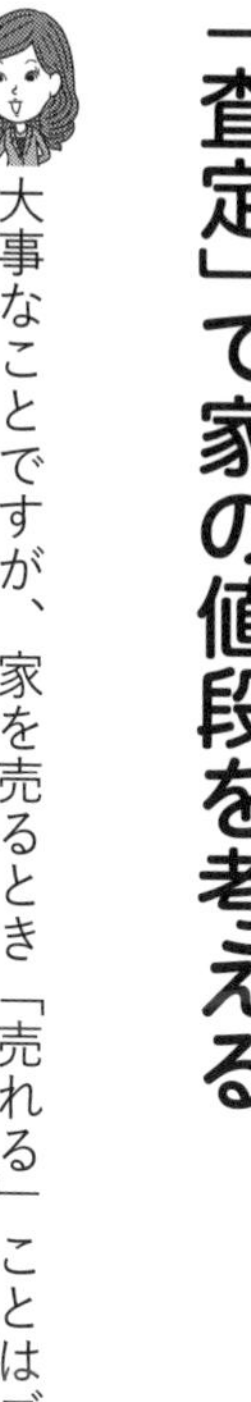

大事なことですが、家を売るとき「売れる」ことはゴールではありません。**「いい値段で、スムーズに売る」のがゴール**と心得てください。

「いくらで売れるのか」は気になるところです。自分が持っている物件の現在の値段はどうすればわかりますか？

ネットで類似の物件がどのような価格設定をしているか、チェックしてみてください。精度を上げたいなら、不動産屋さんに査定を頼むのがいいでしょう。ただし業者ごとに結果に差があるので複数あたるのがベター。価格を色々提示されるので。

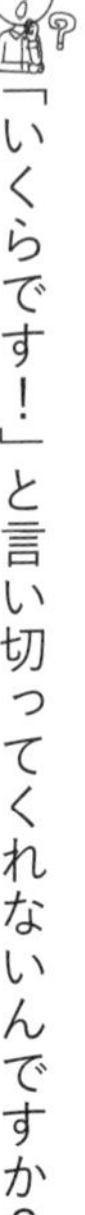

「いくらです！」と言い切ってくれないんですか？

この価格なら売れるだろうという「査定価格」、ほかの物件と揃えた「相場価格」を提示され、売主が望む「希望価格」とすり合わせます。そして最終的に売れた金額が「成約価格」となります。

自分の希望価格を伝えてもいいんですか？

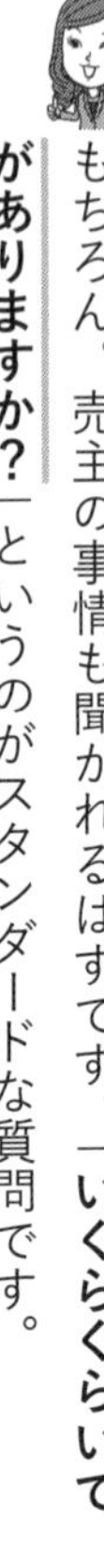

もちろん。売主の事情も聞かれるはずです。「**いくらぐらいで、いつまでに、売れる必要がありますか？**」というのがスタンダードな質問です。

期間は「1年以内」みたいに、ざっくりした感じでもいいんですか？

大丈夫です。「1年あるなら、まずは強気の〝希望価格〟で出しましょう」となるでしょうね。反対に「すごく急いでいる」と答えたら「安めの〝査定価格〟か〝相場価格〟で出しましょう」となるはず。そう言ってくれる不動産屋さんは良心的です。

こちらの事情とすり合わせて、ちょうどいい塩梅の価格を設定するわけですね。

はい。不動産屋さんは、過去の売買履歴を見ながら提案してくれます。膨大なデータを持っているので、力を貸してもらえばいいですよ。もちろん最終的に決定するのは本人です。住宅ローン残高の問題もありますから。

価格は「値引き」されてもいいようにつける

大事なのは、「最初に決めた価格で必ず売れるわけではない」という点。**売り出しの「販売価格」と「成約価格」がずれることはよくあります。**

そういうものなんですか？

「何か月も売れないから」と途中で値下げしたり、いざ買主候補が現れても値下げ交渉をもちかけられたりします。**だから多くの場合、販売価格よりも成約価格は安くなる。**そこ

で、売り急ぎでなければ値下げを要求されることをあらかじめ見越して、やや高めの価格設定にしておくのがいい戦略です。

どれくらいが適正の「高め価格」ですか？

「端数は切られるつもり」で価格を決める人は多いです。たとえば「2980万円」と売り出した場合、「80万円をまけてもらえませんか」と交渉されるケースがよくあるので。

「端数切り」を見越して端数をつけるんですね。

とにかく値切られてもいい価格設定にしておくことが肝です。そうすると「値切る代わりに」と、自分に有利な交換条件を提案できます。たとえば「値引きには応じるので、現況で」とか、「早めに進めさせてほしい」という具合です。

そんな高度な交渉、いきなりできるかな……

時期によって「売りやすい」「売りにくい」がある

もちろん、時期やタイミングがよければ、値引きとは無縁の「満額」でスムーズに売れることだってあります。大きく見ると、「売れる時期」が年に3回あるんです。

「売り時」が3つ……教えてください！

■売れる時期①冬（12月中旬に媒介契約～2月成約）

まず、**「12月中旬までに売りに出す」のが理想的**です。年末年始、家族が揃う時期に検討してもらえ、1月中旬頃に内見が相次ぎ、2月成約という流れに乗る方法です。

「12月中旬まで」はマストですか？

不動産屋さんも、売るための資料を揃える時間が必要なので、12月20日頃に年内受付を終えるところが多いんです。12月中旬に滑り込んで新着情報として載せてもらい、年末スマホで家の情報を見る人が増えているタイミングをねらう作戦です。

■売れる時期②春（1月媒介契約～春に成約）

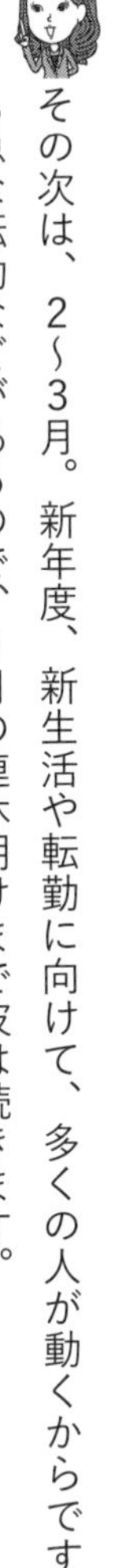

その次は、2～3月。新年度、新生活や転勤に向けて、多くの人が動くからです。その後も急な転勤などがあるので、5月の連休明けまで波は続きます。

たしかに新年度は人の移動が多いから、家を探す人が増えるのはうなずけます。

1月に不動産屋さんがオープンしたら駆け込み、遅くても1月下旬には公開してもらう、そんなスケジュール感です。

■売れる時期③秋（8月媒介契約～秋に成約）

「売れる第三波」は、9月、10月の秋。半期末で再び転勤が増える時期です。**8月に不動**

産屋さんに行って、9、10月の成約を目指します。

なるほど。

■売れるけど安くなりがち：12月中の成約〜年内引き渡し

春や秋ほどおすすめできませんが、最後に「12月中の成約」というケースです。新年を新しい家で迎えたい人や12月中に売買を済ませたい人向けですが、**売る側からすると春や秋ほど分がよくない**というのが本音です。

どうしてですか？

年末年始は不動産屋さんもお休みで物件が動かないので、12月初旬から年末にかけて「叩き売り感」が漂います。売り手側にも、年内に手放せば固定資産税が翌年かからないので、「年内に手放してスッキリしたい」という心理が働きます。通な買い手はその事情をよくわかっているので、年末、売買は活発になります。

ということは、**その心理を見透して値引きされやすい？**

その通り。無理に年内成約を目指していると値引きを持ちかけられやすいので、ほかのシーズンより割安になりやすいんです。

「3か月」で売れることを目指す

家を売るってやっぱり大変そう。家を「買う」「売る」、難しいのはどっちですか？

それは断然「売る」ほうです。所有者からすると「買い手が見つからない」という状況ほど恐ろしいものはありません。しかも3か月を越すと、「売れ残り感」が漂い始め、買い手が余計つきにくくなります。なので、**「3か月で売れる」ことを目指す**わけです。

「この家、前も見たな」と思われると損ですよね。

そもそも**不動産は、1年ごとに価値が下がるもの**。時間が経てば経つほど築古になり不利になります。もちろん優良物件や適正価格なら、売りに出した途端に奪い合いになりますが、大部分はそうではない。とても厳しい世界です。

人気物件はごく一部で、ほかは「売れるのを待つ」という感じですか？

はい。とくに、今は住宅供給過多の時代、「家あまり」の時代なので、余計に難しいかもしれません。今増えている空き家だって、家あまり現象の象徴ですよ。

なぜ、家があまっているのに、家が造られ続けるんですか？

家あまりには、2つの問題が潜んでいます。1つは、前述したように人口バランスの問題。バリバリ稼ぐ現役世代より引退世代のほうが増えていますが、引退世代が亡くなると処分すべき家が出ます。でも、家をスピーディに処理するのは権利の問題なども絡んで難しい。結果、空き家が増えていきます。

もう1つは？

「デベロッパー」「ゼネコン」「ハウスメーカー」という職業があり、不動産業界・建設業界がある以上、家は造られ続けます。結果、市場が新築・中古物件で飽和します。

家を造る仕事がある以上、新築の家ができ続ける。一方で、空き家も増え続ける。新しい家も古い家も、どちらも増え続けるというのは、普通じゃない気がします……

それこそがまさに、日本の住宅業界、いや日本が抱えている大きな問題です。**これだけ市場が飽和していれば、家を売るにはうまくやる必要がある**ということです。

買い換える――「旧居」を売り、「新居」を買う

なかでも、家の売りと買いを同時に行う「**買い換え**」は非常に難しい。けれど、「前に買った家が手狭になってきたので、新しい家を買いたい」という人は必ず通らなければいけな

い道です。

買い換える人って、実際結構いるんですか？

はい。梅田さんみたいに子どもが増えた人や、逆に子どもが独立したご夫婦が買い換えるケースですね。2人で住むには大きすぎるので、小さめな家に買い換えるんです。最近はメジャーになってきたように思います。

具体的に、どうやって買い換えるんですか？

まず、買い換えのパターンは3つに大別されます。**家を売ってから新居を選ぶ「売り先行型」、新居を買ってから家を売る「買い先行型」、そして最も理想的な両方を同時に進める「売り買い同時進行型」**です。

同時進行型？　聞いただけで、難しそうです。

大丈夫です。**実際、同時進行を目指していても、状況に流されて、「売り先行」「買い先行」のどちらかになってしまうのが普通です。**だって、「家の売却と新居の購入を同時に進めて、同じタイミングに退去・入居する」って、ほぼ奇跡ですよ。

そうですよね……現在の家を先に手放す「売り先行型」だと、次の新居に入るまで仮住まいが必要になるんでしたよね？

その通り！　売りを優先すると、売却代金を購入資金に充てられるので、新居購入の計画を立てやすくなります。買い先行ほど売り急ぐ必要もないので、不本意な値下げも起きにくい。ただし、家を売ったあと、契約から引き渡しまでに次の新居を見つけられなければ**「仮住まい」が必要**になります。賃貸物件を借りるとなると、費用がかさみます。

ということは、早く新居を見つけて買わないと、どんどん出費が増える……

一方、買いを優先すると、じっくりと物件を選べます。また先に新居が確保できるので、仮住まいも不要です。ただし、旧居の住宅ローンが残っている場合、家が売れるまで**二重**

買い換え・3つのスタイル

	メリット	デメリット
先に家を売る **売り先行型**	・売ったお金を新居購入費に充てられる。 ・売り急ぐ必要がないので、過度に値下げしなくて済む。	・住みながら売る場合、売れにくい。 ・売却後、次の家を買うまで「仮住まい」が必要になる。 ・仮住まいの出費を抑えるため、心理的に買い急ぎやすい。
先に家を買う **買い先行型**	・じっくりと物件選びに時間をかけられる。 ・「仮住まい」の必要がない。	・家が売れるまで、2つの住宅ローンを支払うことに。 ・家を早く手放したくなり、値下げを受け入れやすくなる。
家の売り買いを同時に行う **同時進行型**	仮住まいも、住宅ローンの二重支払いも発生しない。	旧居の引き渡しと同時に新居に入居するのは至難の業。

ローンを支払うことになります。それに、ローンが残っている状況で新居のローン審査が通るのかという懸念もあります。

返済負担率で引っかかってきますよね。それに、住宅ローンを2つ払うのはきつそう……

また「旧居を早く手放したい」という心理から値下げを受け入れやすくなり、結果的に売却代金が減ることもあります。

うーん、どちらも一長一短で悩ましいですね。

やはり理想は「同時進行型」です。今の家

の引き渡し日と新居の入居日があえば、引っ越しするだけですから。でも今、梅田さんにすすめるなら、仮住まいを探す手間暇や、新居をじっくり選べることを考えて「買い先行」がいいと思います。実際に新居を手に入れるまでいかなくても、契約や住宅ローンの審査は進めておく。で、今の家が期限内に売れなければ新居の契約を白紙に戻せるという「**買い換え特約**」を活用するんです。

そんなのがあるんですか！

はい、買い換える新居の契約のほうでこの特約をつけておくんです。これで万が一、旧居が手放せなくて新居の契約をキャンセルしても、手付金放棄などのペナルティを防げます。

家を売る「4ステップ」

梅田さんは家を売るのはまだ先だと思うので、ざっくり、「家を売る4つのステップ」を頭に入れておきましょう。

①売りたいときは「不動産屋さん」に依頼する
②不動産屋さんは、「複数」依頼してＯＫ
③査定額と自分の手放したい時期を加味し、「値引きされてもいい金額」で売り出す
④「3か月」で売却を目指す

ベストな不動産屋さんと出会えるかどうかが、明暗を分けそうですね。

そうですね。なので「地元で同じ物件を売った経験のある不動産屋さん」にぜひ当たってみてください。それに、不動産屋さんに行く前に「**次は賃貸か購入か**」を決めておけば売り急いで過度な値引きをのむといった事態も避けやすいはずです。

そもそも次が賃貸なら、必然的に「売り先行型」になって売りに注力できますしね。売りに出す時期も含めて焦らず戦略的に決めるのが大事ですね。

「家を売って儲けを出そう」と思わない限り、それくらいの熱量で十分です。

日下部さん、どうもありがとうございました！

いえいえ！　素敵な家に住めるといいですね！

COLUMN

物件サイト掲載を「最大５社」までにすべき理由

住宅を買いたい・売りたいときの強力な味方、不動産ポータルサイト。住宅の購入を考えた際に、まずはスマホやパソコンで物件を調べる人がいまは大多数です。

そのため、所有する物件を売却したいときには、不動産屋さん経由で掲載してもらうのがよいでしょう。そうすると、不特定多数に 24 時間アピールすることができます。また、同一の物件情報の掲載数制限がないため、複数の不動産屋さんに仲介を依頼すれば、いくつでも同時に掲載可能です。

ただし、１点気をつけてほしいことが。**同一の不動産サイトに、情報が出すぎないよう注意しましょう**。多くても、５社がＭＡＸ。なぜなら、**売主の必死さや焦りなど、ネガティブな面が伝わりかねない**からです。

同じ物件が何度も出てくると悪目立ちします。「**こんなに広告を出すのは、よほど人気がなく何か理由があるのだろう**」と敬遠されたり、足元を見られて値下げ交渉されたり、売主にとって不利な状況に追い込まれることも。場合によっては「事故物件？」と疑われかねません。それではせっかくの広告が台無しです。

「同一サイトへの不動産広告は最大５社まで」が適度な範囲。また、不動産屋さんによって掲載されるサイトが違うので、必ずどこのサイトに掲載されるのかも確認するようにしましょう。

章

固定資産税ってなんですか?

家にまつわる税金と特例の話

ここまで、住宅の基礎知識（序章）／借りる話（1章）／買う話（2章と2・5章）／売る話（3章）を、日下部さんにお聞きしてきました。ここからは、「家に関するお金の話」に特化した内容です。

『すみません、金利ってなんですか？』というお金の超・基礎本で、元国税局職員の小林さんに税金の基礎知識を教えてもらったとき、「家を買うと、税金が抑えられる『特例』があります」と聞きました。

そこで、家にまつわる税金や特例について、ここからはお金のプロである小林さんに、根掘り葉掘り聞いていきたいと思います。

というわけで、小林さん、以前「家を買ったら税金が安くなる特例がある」って言ってましたよね？ 今、家について勉強中なので、おさらいも兼ねて「家に関するお金の話」をゼロから教えてください！

（だいぶ端折って覚えてる……）は、はい！ それでは、「住宅にかかるお金」と「使える特例」をざっと見てみましょうか。

お願いします！

この章を読む前に……

僕が『すみません、金利ってなんですか？』で小林さんから習い、この章で出てくる内容↓↓

- 会社員がその年に払う税金は、12月頃に行われる「**年末調整**」で計算されて決まる。基本的に会社員は「確定申告」しなくていいが、「**給与以外で20万円を超える所得」があった場合、確定申告しなければいけない**（所得は「収入－必要経費」）。

- 税金は「課税所得」に対して求められる。収入から、「控除できるもの」（「給与所得控除」「基礎控除」「生命保険控除」など）を引いたものが課税所得で、ここに税率をかけて所得税や住民税が求められる。控除とは、金額を差し引くこと。

「控除」は大きいほど得

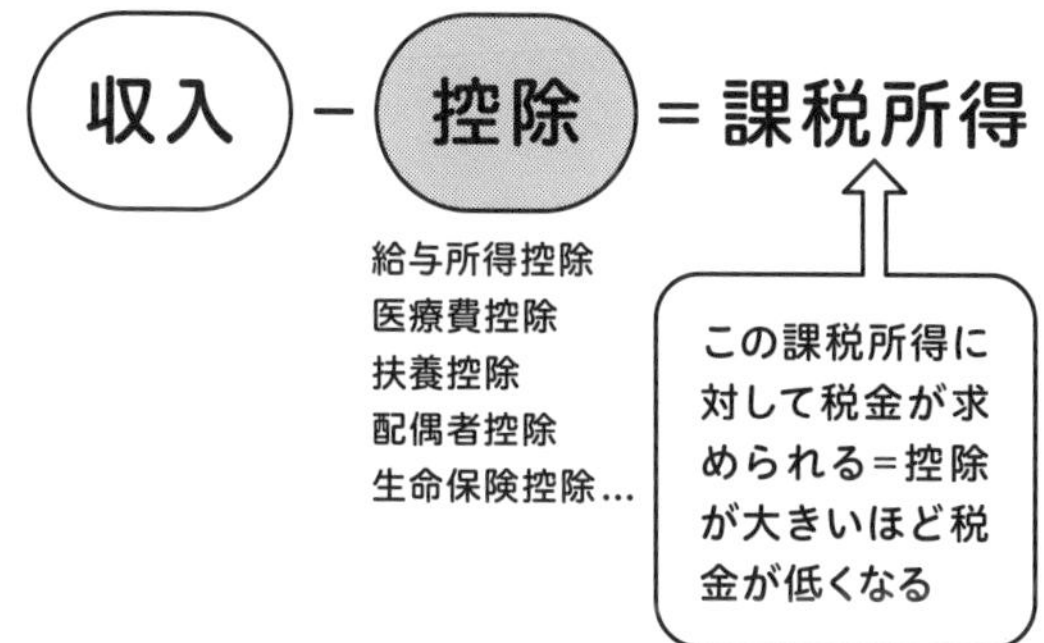

＊自営業者の場合は、「収入－必要経費－控除＝課税所得」

購入・所有・売却……
それぞれ「かかるお金」と「特例」がある

最初に、家にまつわるお金と特例について、3つのシーン別にどんなものがあるかざっと見ていきましょう。「購入」「所有中」「売却」という3つのシーンです。

最初は「購入」ですね。

マンションにせよ戸建てにせよ、ローンを組んで家を購入したときにかかるお金は次の通りです。契約時に払う「手付金」、「頭金」、住宅ローン契約時に払う「保証料」、契約書に貼る印紙代でもある「印紙税」、「登記費用」、ローン借入先に支払う「手数料」、そして「不動産取得税」など。新築の場合は、建物の購入金額に対する「消費税」。中古の場合は不動産屋さんへの「仲介手数料」などがかかります。

改めて聞くと結構ありますね……

＊ 費目は各物件、金融機関で異なるので本章では代表的なものを取り上げます。

そうですね。一方、購入時に使える特例、つまりお金に関するお得な制度は、「**住宅ローン控除**」「**住宅取得等資金贈与の特例**」「**すまい給付金**」「**不動産取得税の軽減措置**」「**登録免許税の軽減措置**」などです。特例があるのは、不動産取引を増やして市場を活性化したいから、とお考えください。

……

多いですよね。「所有中」もなかなかですよ。月々かかるのが、「ローン返済金」。保険に入れば「火災保険料」「地震保険料」も必要です。戸建てでセキュリティ会社を利用する場合は「ホームセキュリティ代」も払わないといけない。そして、家を所有すると「固定資産税」がかかります。

家を持っている期間は、特例はないですか？

「**固定資産税の軽減措置**」があります。本来、不動産を所有すると固定資産税が毎年かかるのですが、条件を満たせばそれが軽くなるんです。これも、国からすると不動産市場を

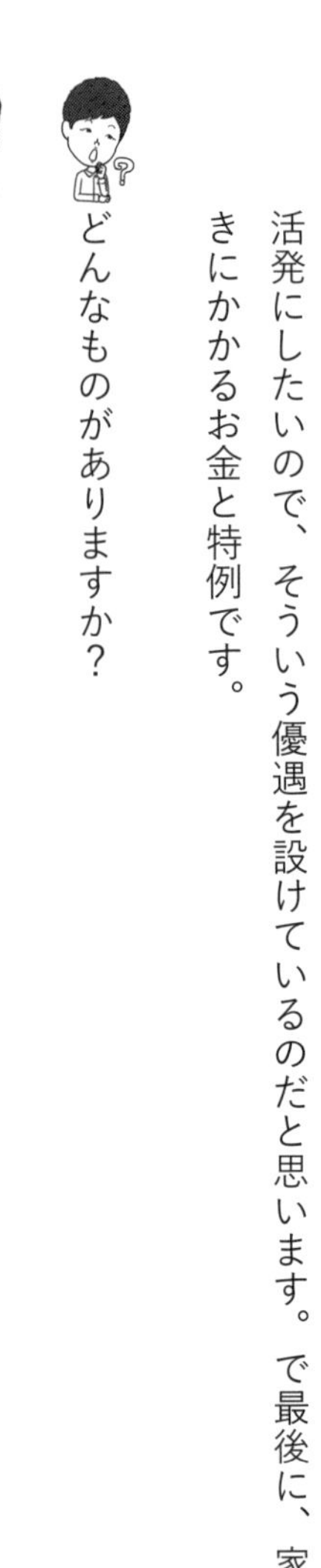

活発にしたいので、そういう優遇を設けているのだと思います。で最後に、家を売ったときにかかるお金と特例です。

どんなものがありますか？

物件を売るときには、不動産屋さんへの仲介手数料や印紙税、抵当権抹消などの登記費用がかかってきます。また、売却益が出たら、所得税・住民税がかかるのですが、**「3000万円の特別控除」や「軽減税率」「買い換え特例」などの特例があります。**逆に**売却損が出た場合も、赤字をほかの所得と相殺できる「損益通算」や「繰越控除」**などを利用できますよ。

……

まとめると、こんな感じです！

あ、ありがたい。

必要なお金と特例一覧（代表的な費目を掲載）

	必要なお金	特例
購入時	頭金 手付金 住宅ローン保証料 印紙税 登記費用、司法書士への報酬 不動産取得税 仲介手数料（中古物件） リフォーム代（中古物件） 消費税（新築物件） 修繕積立基金（新築マンション）	住宅ローン控除 すまい給付金 住宅取得等資金贈与の特例 登録免許税の軽減措置 不動産取得税の軽減措置
所有時	ローン返済金 火災保険料、地震保険料（任意） セキュリティサービス代（任意） 固定資産税、都市計画税 管理費、修繕積立金	固定資産税の軽減措置
売却時	不動産業者への仲介手数料 印紙税 抵当権抹消などの登記費用 所得税、住民税（売却益時）	**【売却益時】** 3000万円の特別控除 軽減税率 買い換え特例 **【売却損時】** 損益通算 繰越控除

税金の世界で出てくる「50㎡」

個々の詳しい説明に入る前に、多くの特例で条件となっている「**登記簿面積50㎡以上**」についで説明しておきますね。

そういえば、家を買う話のときに、日下部さんが言っていたような。

「登記簿面積50㎡以上」が条件になっている特例の代表が「**住宅ローン控除**」。基本的には、毎年末のローン残高の1％相当額が10年間、所得税から控除される特例です。2021年の税制改正で40㎡から特例を受けられる方向性が示されましたが、一定の条件が加わるので、まずは従来通り「50㎡以上」という条件を頭に置いてください。

ほかにも「50㎡で受けられる特例」はありますか？

たとえば、「**住宅取得等資金贈与の特例**」ですね。「両親や祖父母などから住宅の購入資金を援助してもらった場合に税金がかからない特例」です。

そもそも親からお金をもらったら税金がかかるんですか？

はい。**普通は「年間110万円」を超えるお金を贈与されると、贈与税がかかります。**それがかからなくなったり、低額になったりするのが「住宅取得等資金贈与の特例」です。ほかにも、**「登録免許税」という登記の際にかかる税金が借入額に対して0・4%から0・1%に下がったり、建物を買ったときにかかる地方税の「不動産取得税」も50㎡以上だと下がったりします。**

本当に50㎡を境に色々な特例が使えるんですね。けど、なぜ「50㎡」が基準なんですか？

実は、平成5年度の税制改正までは、特例の要件は40㎡でした。当時の政府が、ファミリー世帯を念頭に置いて、住居環境を向上させようとある程度の広さを見込める50㎡に改めたそうです。

家を買ったときの税金と特例

では、ここから家の購入時のお金について、代表的なものを個々にお話ししますね。

「家を買う」というと、「大金を用意しなきゃ」というイメージだったのですが、ローンを組むなら初期費用は任意の頭金と物件価格の数パーセント分と聞いて、「意外とそうでもないんだな」と思いました。

そうなんです。代表的な例が、中古物件の購入時。多くの場合、中古物件は売主が個人なので、消費税は0。ただし、まれに「不動産業者が売主」というケースもあって、そのときは消費税がかかります。よく確認を。

ざっくり、「個人から買うと消費税はかからない。だから前住人が売主の中古物件を買うと消費税0」ということですよね。

その通り！　仲介手数料が約３％かかりますが、**消費税10％が免除されると考えると、中古物件はリーズナブルといえます。**

不動産取得税の「1200万円引き」

あと、新築・中古にかかわらず、土地や建物を買うと先ほど話した「不動産取得税」がかかります。

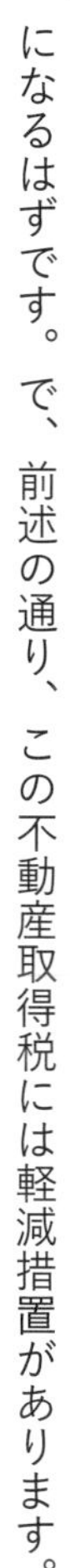

不動産取得税は、土地も住宅も「固定資産税評価額」×４％と教わりました。

その通り！　「固定資産税評価額」は各自治体から通知されますが、購入価額の7割程度になるはずです。で、前述の通り、この不動産取得税には軽減措置があります。

軽減措置って、「負担が軽くなること」って考えていいですよね？

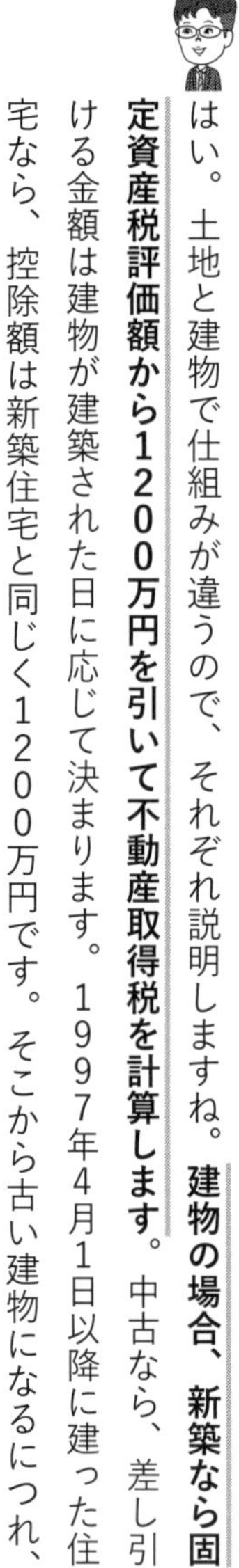

はい。土地と建物で仕組みが違うので、それぞれ説明しますね。**建物の場合、新築なら固定資産税評価額から1200万円を引いて不動産取得税を計算します**。中古なら、差し引ける金額は建物が建築された日に応じて決まります。1997年4月1日以降に建った住宅なら、控除額は新築住宅と同じく1200万円です。そこから古い建物になるにつれ、段階的に控除額が減っていきます。

1200万円引いてくれるなんて、すごいですね！

たとえば固定資産税評価額が1500万円だった場合、軽減措置を受けないと1500万円×4％＝60万円。しかし軽減措置を受けると「(1500万円－控除額1200万円)×4％＝12万円」です。

5分の1……！　軽減措置の条件は「50㎡以上」でしたよね？

ほかにもありますよ。まず建物自体の条件は、新築も中古も「**床面積が50㎡以上、240㎡以下**」で、**戸建て以外で賃貸用に使う住宅は40㎡以上、240㎡以下**。居住用もしくは

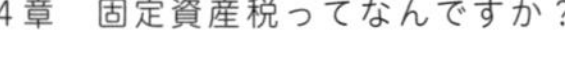

セカンドハウス用の住宅でもＯＫです。

賃貸に出すために買ったマンションだと40㎡以上から受けられるんですね。土地はどれくらい軽減されるんですか？

土地の場合、「4万5000円」もしくは「土地1㎡あたりの固定資産税評価額×1／2×住宅の床面積の2倍（200㎡まで）×税率」のいずれか多い金額が、税額から差し引かれる計算です。計算が複雑ですが、**一般的な住宅に当てはめて実際に計算すると税額はゼロになります**よ。

なんと！　けど、条件が厳しいのでは……？

いいえ。「建てられた住宅が建物の軽減条件に合致していること」「土地を借りるなどして建物の取得・建築が先だった場合、取得・建築した人が1年以内にその土地を取得すること」が条件で、**普通に住まいを買った場合は問題なく軽減されるでしょう。**住宅よりも先に土地を取得した場合も、新築なら3年以内に建築、中古は1年以内に建物を取得すれば、軽減措置を受けられます。ただし注意点が1つ。

なんですか？

不動産取得税は地方税ということもあり、手続きは都道府県によって異なります。私が昨年自宅を購入した際、市役所や県税事務所に相談したのですが、特例で税額が出ないためとくに手続きは不要とのことでした。ただし、お住まいの場所によっては、申請が必要になる可能性もあるので、ご注意を。

自宅を買ったら早めに確認したほうがいいですね。

はい。

ローンを組んだら使える「住宅ローン控除」

あと、家と土地を買ったときの特例として、住宅ローンを組んだときに使える「**住宅ローン控除**」は絶対に押さえておきたいポイントです。所得税に関係する特例で、これを使うと税金が減るんです。

これも50㎡が条件でしたね。

住宅ローン控除は、毎年末の住宅ローンの残高、またはマイホーム取得にかかった費用のうちどちらか少ないほうの金額の1％が10年間[*]、所得税から差し引かれます。入居年によって控除額の計算は若干違いますが、**基本的には「年末時点の住宅ローン残高の1％分の節税効果を、10年にわたって受けられる」と覚えておくといいでしょう。**

これ、**所得税から直接引ける**んですか？

＊ 条件を満たせば2022年12月31日までの入居で13年間使えることも。控除期間の詳細は国税庁ＨＰを参照。

「住宅ローン控除」は所得税から直接引ける！

① 所得 − 控除 ＝ 課税所得

課税所得額に税率がかけられ
所得税・住民税が算出

↓ ← 住宅ローンを組んで家を買うと…

② 所得税 − 住宅ローン控除

＝所得税が安くなる

＊所得税から引ききれない場合は翌年度の住民税からも引ける

そうなんです。もし、所得税から控除しきれない場合は住民税からも控除されます。ちなみに住宅ローン控除は、「建物」や「建物とその敷地」を購入する場合に使えるものなので、**土地だけを買うためにローンを組んでも適用外**です。

■どれくらい減税できる？

10年間トータルでどれくらい減税されるんですか？

1年あたりの控除額はローン残高の1％で、残高の上限は4000万円と定められています。**1年あたり最大40万円の控除が受けられる**計算です。それが10年間続くので、合計で

最大400万円が控除されます。

MAX400万円、所得税が少なく済む……すごいですね。

ちなみに、**「長期優良住宅」や「低炭素住宅」として認められる住宅を買うと、1年あたり最大50万円、10年間で最大500万円が控除**されます。国の、環境に優しい家を買ってほしいねらいが伝わってきます。

■「条件」がある――50㎡以上、10年以上かけて返す……

「50㎡」の条件をクリアしていれば、必ず受けられるんですか？

いいえ、実は条件はもっと多いんです。新築の場合、①住宅取得から6か月以内に居住していること、②家屋の床面積が50㎡以上、③床面積の2分の1以上が居住用、④合計所得が3000万円以下、⑤住宅ローンの借入先が原則として金融機関、⑥ローンの返済期間が10年以上。

家を買ってから半年以内に住まないといけないんですか？

家を買って登記をしてから居住するまでに6か月以上空くと、住宅ローン控除を受けられないんです。これは買い換えの場合にとくに気をつけてください。**前の家が売れないからといって、新居に引っ越さないと、住宅ローン控除を受けられなくなる**ので。

……③の「床面積の2分の1以上が居住用」というのも、よくわからないのですが……

家を買う人の中には、「居住用」と「事業用」、2つの目的で使う人もいます。その際、事業用のスペースを半分以上にすると、住宅ローン控除は使えません。やはり住宅ローン控除の名の通り、居住が第一の目的なので。確定申告や年末調整で住宅ローン控除の手続きをするとき、家全体のうち居住に使っている割合を自己申告する必要があるんですよ。

なるほど。ちなみに、先ほどの条件は「新築の場合」とのことでしたが、中古は条件が変わるんですか？

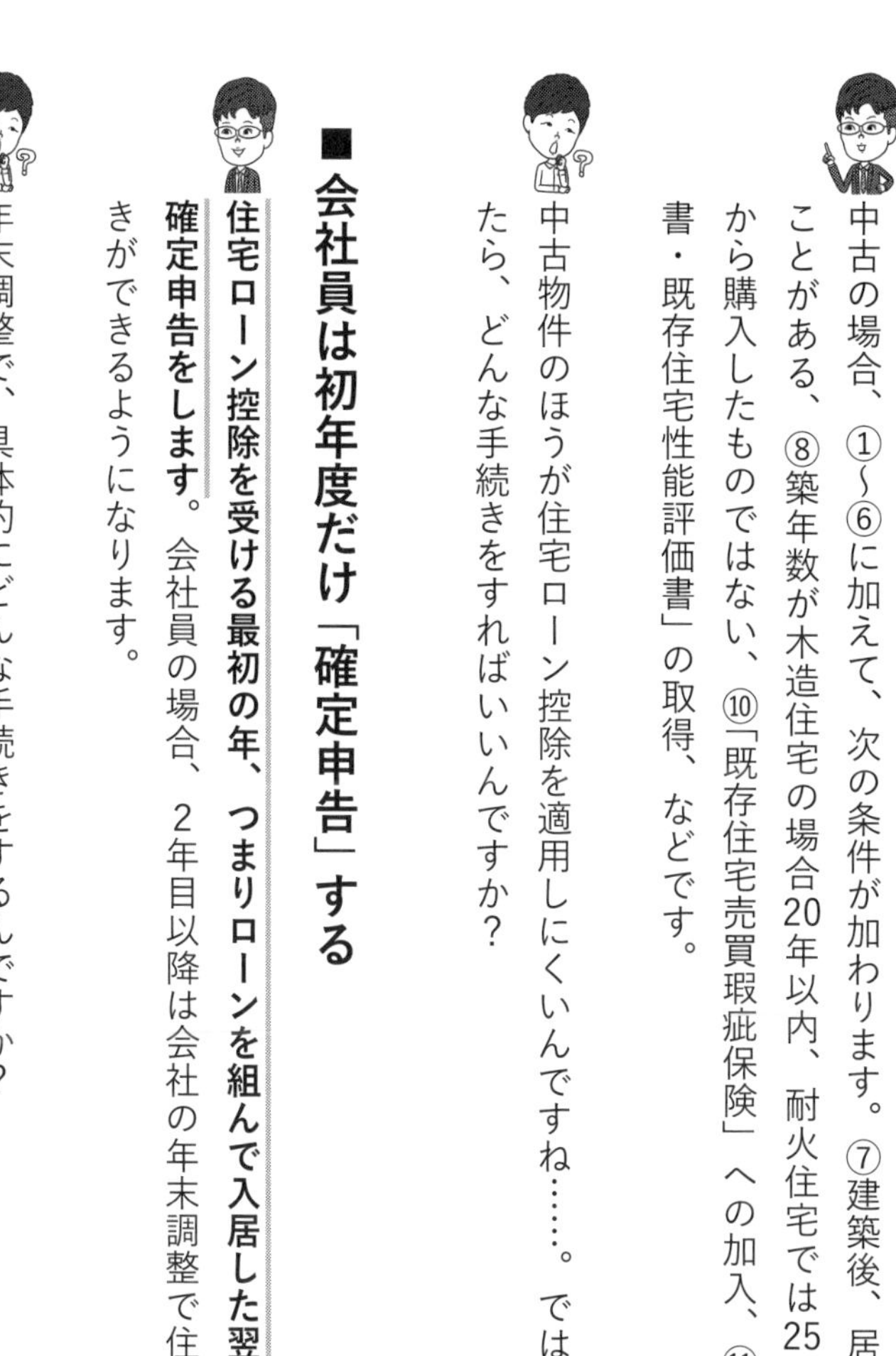

中古の場合、①〜⑥に加えて、次の条件が加わります。⑦建築後、居住用として使われたことがある、⑧築年数が木造住宅の場合20年以内、耐火住宅では25年以内、⑨親族などから購入したものではない、⑩「既存住宅売買瑕疵保険」への加入、⑪「耐震基準適合証明書・既存住宅性能評価書」の取得、などです。

中古物件のほうが住宅ローン控除を適用しにくいんですね……。では実際に使おうと思ったら、どんな手続きをすればいいんですか？

■会社員は初年度だけ「確定申告」する

住宅ローン控除を受ける最初の年、つまりローンを組んで入居した翌年の3月15日までに確定申告をします。会社員の場合、2年目以降は会社の年末調整で住宅ローン控除の手続きができるようになります。

年末調整で、具体的にどんな手続きをするんですか？

住宅ローン控除の申し込み手順

全員

確定申告

…(特定増改築等)住宅借入金等特別控除申告書が送られてくる

2年目以降

会社員	個人事業主など
年末調整時に提出	**確定申告時に提出**

確定申告で1年目の住宅ローン控除の手続きをする際、書類の送付希望欄にチェックを入れると、そのあと「(特定増改築等)住宅借入金等特別控除申告書」という書類が控除の適用年数分、税務署からまとめて一綴りになって送られてきます。2年目以降は、その申告書を毎年1通ずつ年末調整で会社に提出すれば完了です。

会社員は初年度だけ確定申告。2年目からはもらった申告書を毎年1枚ずつ年末調整のときに会社に提出すればいいんですね。

その通りです！

けど、現金で買うよりも、ローンを組んだほうが節税になるのは意外です。

そうなんです。だからではありませんが、高額所得者は使えない減税措置なんです。なので「④合計所得が3000万円以下」という条件があるわけです。

■「中古物件」は使えない可能性も

適用条件の数を見てわかるように、中古物件の場合、この控除は使えない可能性があります。

条件が1つでも合わないと、この制度は使えないんですか？

はい。あと、「**この制度が永遠に続くわけではない**」ことにもご注意ください。この制度は、2021年3月までは、入居期限が「令和2年12月31日まで」となっていましたが、令和3年の税制改革で、**令和4年末までに入居期限が延長されました**。新築注文住宅は令和3年9月末、マンションや分譲住宅は令和3年11月末までの契約が条件です。

延びても、あと1年半……急いだほうがよさそうですね。

それが、そうとも言い切れず……そもそもこの制度は、1972年にスタートした「住宅取得控除制度」が原点なのですが、期限が迫ると延長を繰り返し、今に至っています。もはや**延長定番**という風格すらあります。

じゃあ、また延びる可能性もあるということ？

はい。だから、**住宅ローン控除のためだけに急いで家を買うのはおすすめしません。**生活や仕事への影響、収入の状況、欲しい物件が売りに出ているかはとても大切です。それに、「次の年のほうが、お得な減税措置が出た」という展開になる可能性もありますから。

なるほど、肝に銘じます。

「すまい給付金」をもらえる人、もらえない人

控除は税金が安くなる制度ですが、お金をもらえる特例「**すまい給付金**」もあります。

名前から察するに「家を買ったらもらえるお金」ですか？

その名の通り、「**住宅を購入した人が現金をもらえる制度**」です。でもシンプルな名前とは裏腹に、条件は複雑なんです。

どんな条件ですか？

まずは収入の条件があります。住宅ローンを利用して自宅を購入する場合、すまい給付金を受けられる年収の目安は「775万円以下」です。もっとも、これは会社員と専業主婦、中学生以下の子ども2人の世帯のケースで、世帯構成などによって変動します。現金一括で自宅を購入する場合、「50歳以上」という条件が加わり、年収の目安は「650万円以

下」となります。

やっぱり床面積は50㎡以上必要ですか？

はい。「床面積が50㎡以上であること」「自分が住むこと」「品質が担保された住宅であること」という条件もあります。

品質が担保された住宅？

新築なら、まず「**住宅瑕疵担保責任保険**」に加入していること。入居後に耐震性能や耐水性などの欠陥の補修費用をまかなってくれる保険です。売主側が任意で加入する保険ですが、契約時に説明がない場合「加入していない」と見てよいでしょう。あとは住まいの性能が等級や数値で表示された「**建設住宅性能表示制度**」の評価書を取得しているかも指標になります。

買主が自分で保険に入ったり、評価書を取ったりすることは難しいんですか？

はい、いずれも**住宅の施工中に検査を受けている必要があるので、あとからどうにかできるものではありません。**住宅瑕疵担保責任保険の加入証明書か住宅性能表示制度の評価書、どちらかを売主が取得している必要があると考えてください。

この2点は、必ず加入・取得の有無を確認したほうがよさそうですね。

はい。中古の条件は、まず「不動産会社が売主」で、「既存住宅売買瑕疵保険」という保険に加入していること。もしくは、「既存住宅性能表示制度」の評価書がついていることです。

あれ……中古物件って、ほとんど売主は個人でしたよね？

はい。すまい給付金は、消費税率の引き上げによる負担を減らすための制度なので、そもそも消費税がかからないケースには適用されません。なので、個人から消費税なしで自宅を買うのであれば、**「すまい給付金」はもらえないんです。**

中古の場合、「売主が個人以外」という特殊な場合しか受けられないんですね……で、肝心の給付額ってどれくらいなんですか？

家族構成などで変わりますが、国土交通省による試算があります。本人に加え、専業主婦か16歳以上の子どものいずれかが１人いる場合。年収４５０万円以下で50万円、４５０万円超～５２５万円以下で40万円、５２５万円超～６００万円以下で30万円、６００万円超～６７５万円以下で20万円、６７５万円超～７７５万円以下で10万円です。

年収が上がるほど給付額は下がる、と。条件を満たした人がすまい給付金をもらうためには、どうすればいいですか？

申請手続きが必要です。給付申請書を「すまい給付金」の公式サイトからダウンロードするか、最寄りの「すまい給付金事務局の窓口」をネット検索して、そこから直接入手し、記入します。その後、必要書類を窓口へ持参するか、郵送します。期限は、**住宅の引き渡しを受けてから１年３か月以内**です。

１年ちょっと……忘れそう。

期限を過ぎると無効です。なお、2021年3月時点の法律では、2021年12月31日までに引き渡しを受け入居した住宅が対象でした。

これは延長の予定はないんですか？

2021年1月に、すまい給付金の1年延長が閣議決定されました。住宅の引き渡し期限は2022年12月末になり、面積要件も40㎡に緩和されます。条件はこれまでのものと同様と考えられますが、詳しくはすまい給付金のHPで確認してください。

「住宅取得等資金贈与の特例」――親からの資金提供と税金

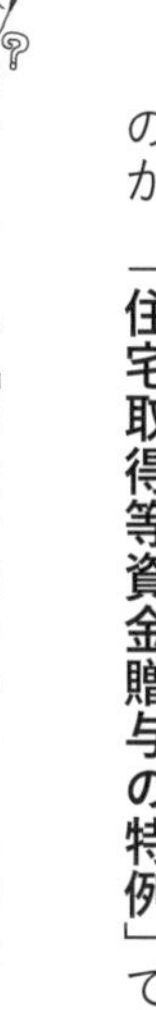

あと、両親や祖父母などの直系尊属から住宅の購入資金を援助してもらった場合に使えるのが、**「住宅取得等資金贈与の特例」**です。

そもそも、「お金を誰かからもらったら税金がかかる」んでしたよね？

贈与税ですね。厳密に言うと、個人から財産をもらった人に対してかかる税金です。贈与税には無条件で使える年間110万円の基礎控除がありますが、自分の親からお金をもらったときも、贈与額が年間110万円を超えていたら基本的に贈与税がかかると考えてください。でも、そのお金が「住宅を買うためのお金」で、所定の条件を満たしていれば、「1000万円まで」など上限の範囲内で*非課税で住宅資金として受け取れるんです。

通常、110万円以上のお金をもらうとかかる贈与税が0になるってこと？

はい。この特例の対象になるケースは「**頭金に充てるお金をもらう**」イメージで、ここが要注意ポイントです。ときどき、「**頭金は自分で払い、あとからローンの一部を親に負担してもらう**」**という人がいますが、その場合は特例を使えません。**正しく特例を使えば数百万円が非課税になっていたはずなのに、一気に課税されてしまいます。

知らないってこわい……。特例を使わないで、たとえば親から500万円の資金提供を受けた場合、どれくらい贈与税がかかるんですか？

＊ 非課税枠の上限等、詳細は国税庁・国土交通省 HP を参照。
(国税庁) No.4508　直系尊属から住宅取得等資金の贈与を受けた場合の非課税
(国土交通省・報道発表資料) https://www.mlit.go.jp/report/press/house02_hh_000164.html

「頭金」を親に負担してもらうと特例が使える

頭金（親が110万円以上負担）＋**ローンの一部**（本人負担）＝**特例が使えて贈与税を節税**

頭金（本人負担）＋**ローンの一部**（親が110万円以上負担）＝**特例なし、贈与税が発生**

およそ70万円の贈与税がかかります。それが特例でゼロになるんです。ただし、気をつけてほしいことがいくつかあります。

条件ですか？

はい。まず、贈与を受けた翌年の2月1日から3月15日の期間に贈与税の申告書と必要書類を所轄の税務署に提出する必要があります。ほかにも、贈与を受けた年の1月1日時点で20歳以上、かつ贈与を受けた年の合計所得金額が2000万円以下でなければいけません。また家の床面積は50～240㎡という指定があります。配偶者の親ではなく、自分の親からの贈与でのみ使える点にもご注意を。

■「3月15日」までに骨組みを建てる

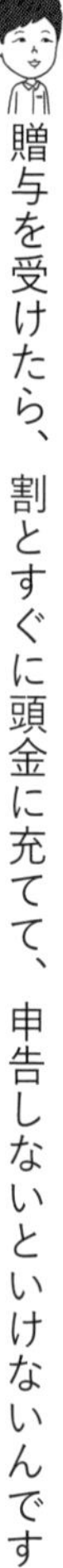

贈与を受けたら、割とすぐに頭金に充てて、申告しないといけないんですね。

はい。それに**お金をもらった年の翌年3月15日までに、贈与されたお金をすべて使って家を建てるか購入するなどして、そこに住んでいなければいけない**んです。

でも、「いい家が見つからない」とか、工事が大幅に遅れることもありますよね？　それに、そんなこと逐一チェックできるんですか？

そうなんです。だから「**完成していなくても、屋根や骨組みまで建っていればいい**」という運用になっています。贈与税の申告をする際、「住宅用家屋が新築に準ずる状態にあることの証明書」を建設業者に発行してもらうとともに、「完成したら、遅滞なく居住します」という内容の確約書を提出します。これを贈与があった翌年の3月15日までに行い、その後、実際に建物が建って住み始めたら、登記事項証明書などの書類を出す流れです。

極端な話、12月31日に親からお金をもらった場合、2か月半以内に急いで屋根まで建てなきゃいけないってこと？

はい。なので、**年末ではなく申告まで余裕のある1月にもらう**ほうが絶対いいと思います。

■「家そのもの」をもらうと特例なし

今の話は「家を建てるお金をもらった」ケースですが、「家そのものをもらった」場合はどうなるんですか？

親から家をもらうと、家の名義を子どもに変更することになり、子どもに贈与税がかかります。「住宅取得等資金贈与の特例」とはまったく関係のない話になります。

……「住宅を買うためのお金」を親にこっそりもらい、ローンを組まずに現金一括で購入すればどうでしょう。銀行を通さず札束でもらえば、誰にもわからないですよね？

いえ、税務署は住宅を買った人を対象に、資金の出処を確認する「**お尋ね文書**」を送るなどして情報を集めています。不動産会社を通じて取引状況を調べることもできます。そうした情報から足がつくでしょう。たとえば30代の会社員が、5000万円の物件をローンを組まずに購入するというのは、いかにも怪しいですよね？

悲しいですが、認めざるを得ません……

一般の人でもそれくらい想像がつくわけですから、税金のプロ集団・税務署の目で見ると、「これは資金援助があったんじゃないか」とマークされる可能性が高いです。

お尋ね文書をスルーしたらどうなるんですか？

返信の義務はないので、スルーも可能です。でも、返さなければそれはそれで怪しまれます。いずれにせよ、不動産の登記が行われると、その旨が法務局から税務署に通知されるので、家を手に入れたことは筒抜けです。すぐに税務調査が行われなくても、親が亡くなったときの相続税調査で本腰を入れて調査が行われることもあります。

……「親から援助してもらった」という事実がバレたら、どうなりますか？

ここで申告漏れが明らかになると、申告していなかった贈与税の支払いはもちろん、**ペナルティとして加算税や延滞税がつく**可能性が高いでしょうね。

土地の価値は「路線価」で求められる

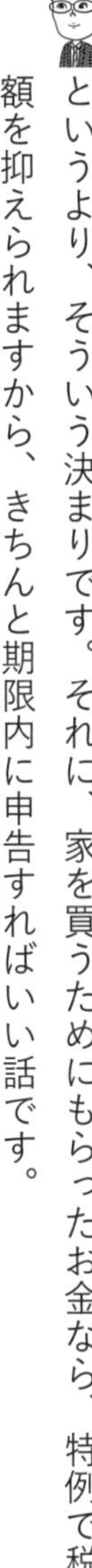

ペナルティがつくくらいなら、早めにきちんと贈与税を払ったほうがいいですね……

というより、そういう決まりです。それに、家を買うためにもらったお金なら、特例で税額を抑えられますから、きちんと期限内に申告すればいい話です。

そもそも贈与税って、どうやって決まるんですか？

基本的には、もらった財産から、基礎控除額である１１０万円を引いた金額に税率をかけ

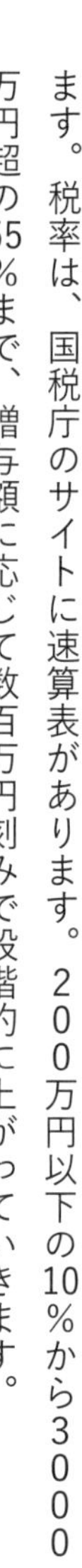

ます。税率は、国税庁のサイトに速算表があります。200万円以下の10%から3000万円超の55%まで、贈与額に応じて数百万円刻みで段階的に上がっていきます。

けど、家をもらった場合は、明確に「いくらもらった」というわけではないですよね？

建物については、固定資産税の評価額を使います。家を持っていると、各自治体から毎年通知がくるのですが、そこに評価額が書かれています。それに贈与税の税率をかけると税額がわかります。土地については「**路線価**」を使って評価額を計算し、この評価額に贈与税率をかければ税額がわかります。

「路線価」ってなんですか？　聞いたことはあるのですが……

土地には定価がなく、相続税や贈与税の計算のために使う「公的な価格」が定められています。「路線」つまり「道路」に面する標準的な宅地1㎡あたりの価格のことですね。

路線価＝土地の値段と思っていいですか？

いえ、**路線価と土地面積を使って、土地の価値を計算する**んです。たとえば、ある土地の面積が100㎡で、面している道路が1つだったと仮定します。その道路の路線価が「1㎡あたり20万円」だった場合。土地の評価額は20万円×100㎡で、2000万円になります。実際は土地の形状などに応じた調整計算をするのですが、「路線価×土地面積」でおおまかな評価額がわかると思っていただければ。

自分の家の路線価ってわかるんですか？

国税庁のホームページに「路線価図・評価倍率表」として公開されています。毎年1月1日を評価時点として、7月に新しい路線価が公表されますよ。

「ペアローン」は贈与税に注意

梅田さんは家を譲ってもらうときに贈与税がかかると思っていなかったわけですよね。注意したいのは、家に関しては課税されることに気づきにくいものが多い点です。贈与税は自分で申告しないと加算税が課せられますが、誰も教えてくれません。

……家に関して気をつけたほうがいい課税ポイントはほかにもありますか?

たとえば、「**ペアローン**」という住宅ローンの場合も、贈与税に注意が必要です。

ペアローン?

同居親族2人で住宅ローンを組む方法で、多くは夫婦が利用する仕組みです。

名前の通り、ペアで組むローンですね。

ペアローンでは、ローンを組んだ人、つまり「債務者」2人分の収入で審査されるため、より多くのお金を借りられます。また、条件が合えば、2人それぞれが住宅ローン控除を受けたり、すまい給付金をもらったりすることができます。

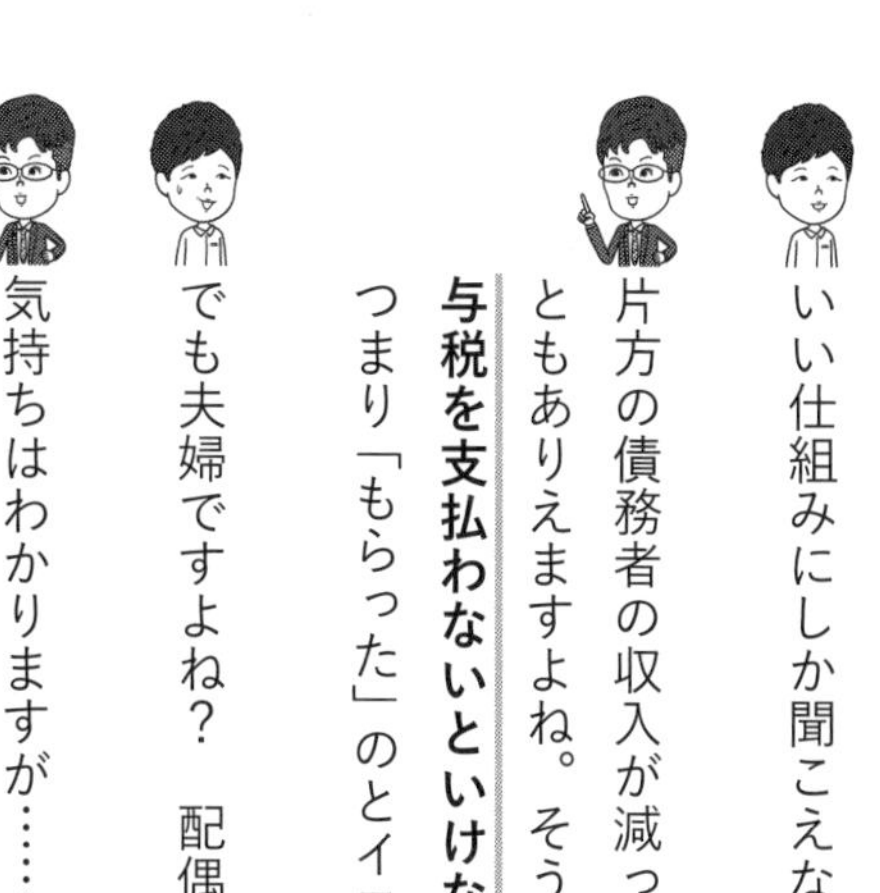

いい仕組みにしか聞こえないですが……

片方の債務者の収入が減った場合、もう片方の債務者がその分を肩代わりして返済することもありえますよね。そうなると、**年間で110万円以上肩代わりしてもらった人は、贈与税を支払わないといけない**んです。負担が減ったということは、「お金を贈与された」つまり「もらった」のとイコールなので。

でも夫婦ですよね？　配偶者のお金がないときは、代わりに払って当然では？

気持ちはわかりますが……法律に精神論は通じません。それに、贈与税の問題を考えるうえで、「**負担割合と共有持分権を合わせる**」のは基本中の基本です。

共有持分権？

その不動産を、誰がどのくらいの割合で所有しているかを示すものです。たとえばペアローンを組む場合、「夫が4分の3、妻が4分の1」などと自宅を購入する段階でそれぞれの所有割合を定めます。

夫婦間で、所有の割合を厳密に決めないといけないんですね。けど、無収入になった妻の代わりに夫が黙って払っても、バレないのでは？

いえ、バレます。先ほどの住宅取得等資金贈与と同じです。不動産の登記情報は税務署に把握されていますし、当然、「いくら税金が天引きされている」などの収入に関する情報も伝わっています。たとえば共有名義にしてペアローンを組んだのに、そのあとに妻の収入がゼロになったことが判明したら、「そのお金はどこから？」と疑問に思われますよね。

税金経由で発覚するんですね。

税務署に指摘され、問題になる可能性もゼロではありません。すぐに発覚しないとしても、不安を抱えながら生活したくはないですよね。ローンの支払額が変わるなら、早めに税務署に相談したほうがいいでしょう。

家を持っているときの税金と特例

家を持っているとかかる「固定資産税」

以上が家を買ったときのお金の話で、次に「家を持っているとき」にかかってくるお金の話をしますね。まず、家や土地を所有すると課税されるのが「**固定資産税**」と「**都市計画税**」です。

■年間10万円くらい

この2つの税金の仕組みは同じなので、まとめて「固定資産税」と総称されます。毎年1月1日の時点で家や土地を所有している人に課される地方税で、標準的に**固定資産税は課税評価額に対して1・4％、都市計画税は上限0・3％の税率で毎年課税されます。**

評価額の通知は毎年送られてくるんですよね。ということは、毎年変わるんですか？

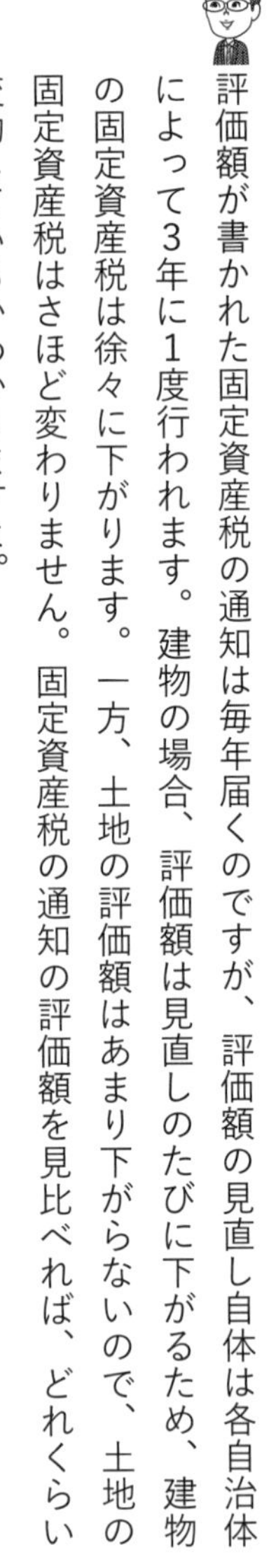

評価額が書かれた固定資産税の通知は毎年届くのですが、評価額の見直し自体は各自治体によって3年に1度行われます。建物の場合、評価額は見直しのたびに下がるため、建物の固定資産税は徐々に下がります。一方、土地の評価額はあまり下がらないので、土地の固定資産税はさほど変わりません。固定資産税の通知の評価額を見比べれば、どれくらい変動しているかわかりますよ。

固定資産税は毎年どれくらいかかると思っておけばいいですか？

築年数などにもよるのでケースバイケースですが、**年10万円前後**に落ち着くことが多いです。あと、先ほどお話ししたように、この固定資産税には「軽減措置」があるので、さらに少なくなることもあります。

■3～5年は「軽減措置」がある

どれくらい安くなるんですか？

建物と土地で違うので、建物から説明しますね。まず、固定資産税の軽減を受けられるのは基本的に新築物件です。**新築戸建てなら3年間、新築マンションなら5年間、税額が2分の1になり、長期優良住宅に該当すれば減額期間がさらに2年間延長されます。**

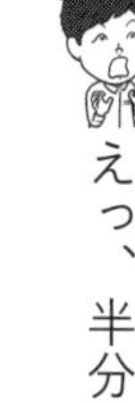
えっ、半分!?

ただし条件があります。居住部分の課税面積が一戸につき50㎡以上280㎡以下で、令和4年3月31日までに新築された家であることなどです。

ここでも50㎡が出てくるわけですね。

土地の場合、「200㎡」を境に軽減割合が変わります。200㎡以下の部分の固定資産

税は6分の1、都市計画税は3分の1に、２００㎡を超えた部分については、固定資産税は3分の1、都市計画税は3分の2になります。

■戸建てよりマンションのほうが高い

戸建てとマンションだと、固定資産税が高いのは丈夫なマンションだと聞きました。

はい！　その理由は、「建物の材質」にあります。資産価値は、建物の耐久性で判断されるのですが、マンションは鉄骨造りで耐久性が高い。実際、建物の耐用年数は、戸建てに多い木造が22年、鉄筋コンクリート造は47年と制定されています。通常は戸建てよりマンションのほうが2倍以上長持ちする、つまり「固定資産税の高い状態」が続くというわけなんです。

マンションはコンクリート造りで建物の価値が下がらないから、税金が高い状態が続くんですね……

なので、**たとえ同じ購入金額でも、購入後の固定資産税についてはマンションのほうが戸建てよりも高い**んです。建物の材質の違いが税金の違いを生むといえます。

家を「職場」にしたら住宅ローン控除が使えない

ここまでは、家を「住むため」だけに使う場合の話でした。最近多い「起業して自宅兼職場」にした場合、ほかにも節税につながる話があります。

？

持ち家の一部を事務所、つまり事業用部分として使う場合、その割合に応じて家の購入費用などの一部を、事業の「経費」に計上できます。すると、**節税につながります。**

税金は利益に対して求められる。で、その利益は、売り上げから経費を引いたもの。だから経費を大きくすれば利益が少なくなり、連動して税金も下がるんですよね。

その通り！　ただしこの場合、**「住宅ローン控除」が使えなくなる可能性があります。**問題は、居住用と事業用の割合で、**住宅ローン控除は、建物全体の床面積の50％以上が居住用でなければ適用できない**んです。

先ほど教えてもらった「床面積の2分の1以上が居住用」という条件ですよね。「居住用が○％で事業用が△％」ってどうやってわかるんですか？

床面積の割合で計算します。たとえば一部屋を仕事空間として使っているなら、それが自宅の総床面積のうちどれくらいかを自己申告するんです。ちなみに住宅ローン控除は、建物のうち居住に使っている割合で控除額を計算するので、**仮に51％が居住用なら、住宅ローン控除も51％しか使えません。**ところが、**居住割合が90％以上あれば、その建物全体を居住用とみなす**取り扱いがあります。なので、自宅を仕事場にするときは、「事業に使う床面積を10％未満にする」ことを意識するといいでしょう。

無事に住宅ローンを組んだあとで、居住用と事業用の比率を変えたらどうなるんですか？　たとえば、2階建ての家を居住用として建てたあとで、1階を歯医者にするとか。

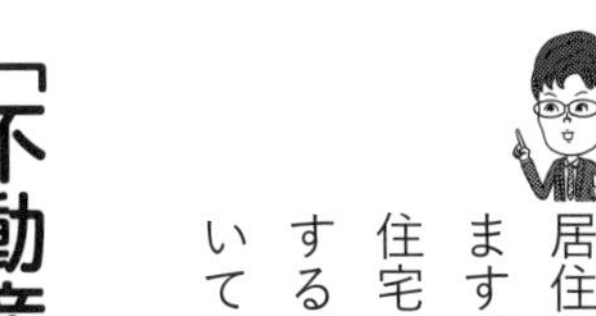

居住割合が変われば、その後の住宅ローン控除額は変更後の居住割合から控除額を計算します。ただ、そもそも**ローン融資の条件と異なるため、契約違反となる可能性があります。**住宅ローンは、基本的に居住のために使う条件で借りるものなので、契約と違う使い方をすると、すぐに返済を迫られる可能性があります。賃貸用や店舗として使うスペースについては「不動産投資ローン」という別のローンを組むべきです。

「不動産所得」――固定資産税が経費扱いになる

家にビジネスがからむと、複雑になるんですね。

買った不動産から収入を得たときの税金にも要注意です。たとえば、持ち家を賃貸に出して賃料として得たお金は「不動産所得」という扱いになります。ただ、この場合も経費をうまく使えば不動産所得を抑えることもできるんです。

どんなものが経費扱いになるんですか？

固定資産税や火災保険料など、賃貸に出す物件にかかる費用は経費に入れられます。

税金で税金を安くできるんですね。

「ボロボロの空き家」があるのは節税のため

大家さんは節税という視点が重要になってくるわけですが、街中（まちなか）で、住めそうにないくらい年季が入った空き家を見かけませんか？　あれも実は節税対策です。

そうなんですか!?

先ほど、固定資産税の軽減措置を説明しましたよね。あれは**実際に住んでいなくても、住宅用地であれば適用されます**。でも、建物が取り壊されて更地になると住宅用地とは言えないので、軽減措置は受けられない。つまり、空き家は壊さないほうが固定資産税は安くなるわけです。

けど、空き家のまま放置していたら危険じゃないですか？

なので平成27年に「**空家等対策特別措置法**」が施行され、「倒壊の恐れがある」とみなされた「**特定空き家**」にはペナルティが科せられるようになりました。自治体からの助言や指導に応じず、空き家を放置し続けると、固定資産税の軽減措置は適用されません。そうすると、毎年の固定資産税は約6倍、都市計画税は約3倍になります。

……それでも自治体の指導を無視していると、どうなるんですか？

行政の判断によりますが、空き家が取り壊され、その**解体費用**や**罰金**が請求される可能性が出てきます。周辺の景観を著しく損なっていたり、近隣住民の生活に負担を与えていたり、ゴミや落書きなどが放置されている場合、特定空き家に指定される可能性があります。

戸建てを買ったら、気をつけるようにします……

「民泊」の利益が20万円を超えたら確定申告を

そういえば、「空き家や空き部屋を活用した民泊」が増えたと聞きます。民泊を経営してそこから得たお金も、やはり確定申告が必要ですよね？

その通りです。そもそも民泊は、一般民家の個人宅を貸し出す仕組みで、そこから得た利益も所得税や住民税の対象になります。会社員の場合、会社の給料以外で得た所得を合算して年間20万円を超えれば、基本的に確定申告が必要です。

じゃあ、僕みたいな会社員なら、「民泊で得たお金」が20万円を超えなければ、確定申告は必要ないですか？

「民泊で得たお金」ではなく、**「民泊で得た総収入から、経費を差し引いた所得金額」が20万円を超えるかどうか**が問題です。極端な話、民泊で２００万円の収入を得ても、修繕やリフォームなどで１９９万円の経費がかかった場合、民泊による所得金額は１万円になります。この場合、民泊経営のほかに19万円以上の副業収入がなければ、確定申告は必要ありません。

民泊の運営にいくらかかったか、証明できるようにしておかないと、ですね。

税務署から聞かれたときに説明できるよう、レシートや領収書はとっておいたほうがいいですね。

家を手放したときの税金と特例

考えるべきは「売却益」か「売却損」か

最後に、「家を手放す」ときのお金の話です。まずは、家を売ったとき、**「家を売って得た**

お金」から「家を手に入れるためにかかったお金」と「売るときにかかった経費」を引き算してください。それで売却益か売却損かを見ます。

まずは、収支がプラスかマイナスかを見る。

はい。家や土地を手に入れるためにかかったお金を「取得費」、売るときの経費を「譲渡費用」と呼びます。

プラスかマイナスかで、何が変わってくるんですか？

もし差額がプラスなら、「利益があった」ということで「**譲渡所得**」があった扱いになり、確定申告が必要です。税金がかかります。ただし会社員の方は、その他の給与以外の所得と合算して20万円を超えなければ確定申告しなくて大丈夫です。反対に、差額がマイナスなら確定申告の義務はありませんが、特例の条件に合致すると節税が可能になるので、その場合は確定申告したほうが絶対いいです。

売却益か損かをみる

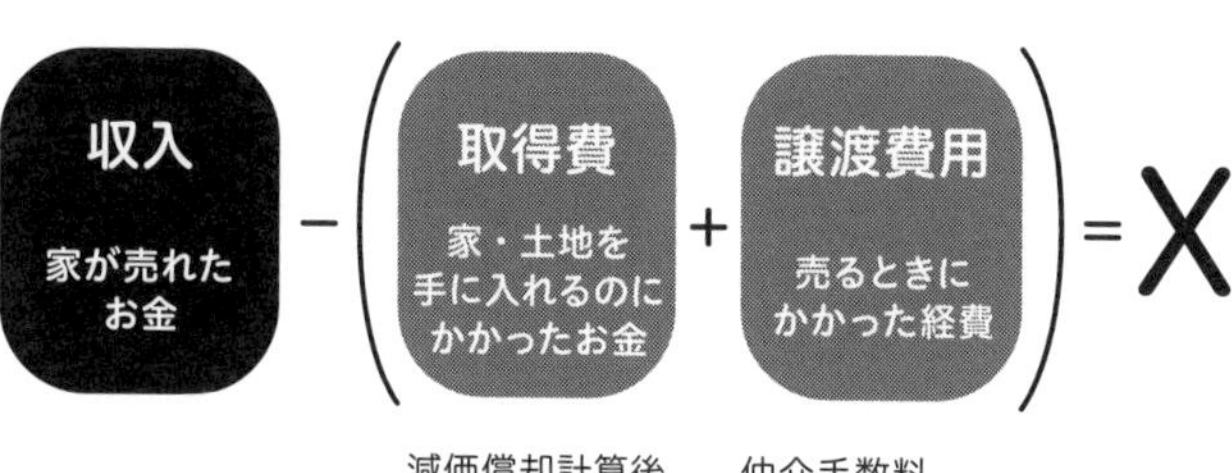

減価償却計算後の購入費（p350）、仲介手数料…

仲介手数料、司法書士への報酬、収入印紙代…

❗ Xがプラスかマイナスかをまずチェック

4000万円で家が売れたとして、その4000万円という金額に対して税金がかかるわけではないんですね？

はい。**4000万円で家が売れたとき、取得費と譲渡費用で3500万円かかっていたら、差額は「プラス500万円」。税金はその500万円にかかります**。ただ、厳密には、建物については購入時の金額がそのまま取得費になるわけではありません。「**減価償却**」をする必要があるんです。

減価しょ……ってなんですか？

家は、時間が経つと価値が減るので、減価償却という計算をして、その減価分を取得費に反映させるんです。具体的には、**「家を手に入れるときにかかったお金×90％×償却率×経過年数」という計算をして、その結果を購入金額から引いて取得費を出します**。償却率は、木造だと0・031、鉄筋コンクリート造なら0・015です。たとえば15年前に3000万円で新築した木造の建物を売るとしたら……

「3000万円×0・9×0・031×15」だから……

1255万5000円が減価償却費。これを3000万円から差し引いた「1744万5000円」がその建物の取得費です。

家を手放す時点の価値が「その家を買うのにかかった費用」とみなされるんですね。

その通り。ちなみに土地には減価償却という考えはないので、買った金額がそのまま取得費になります。

では、売るときの経費である「譲渡費用」は、具体的にはどんなものが認められるんですか？

代表的なのは仲介手数料と契約書に貼る印紙代などが挙げられます。売るために解体工事をしたなら、それも認められます。一方、引っ越し代や部屋のクリーニング代は認められません。

売るという行為に必要不可欠なものだけが経費として認められる感じですね。

そうですね。まとめると、売って得たお金から、減価償却の計算をしたあとの建物の購入費や仲介手数料などの経費、それに土地の購入費を含んだ「家を買うときにかかったお金」、さらに「売るときにかかったお金」、つまり仲介手数料や印紙代などの合計を差し引いて、プラスかマイナスかを見るということです。

売却益なら「税金」を払う

で、もしプラス、つまり譲渡所得が出ていたら？

売却した翌年の3月15日までに確定申告をし、まずは**国税である「所得税」を納め、その後、地方税である「住民税」**を払うことになります。今は所得税に対して2・1％の復興特別所得税が加算されています。

また複雑な計算式が必要ですか？　さっきの減価償却みたいな……

いえいえ、譲渡所得が計算できていれば、それに税率をかけるだけです。税率は、「売った年の1月1日時点の所有期間が5年超か、そうでないか」という2択で、計算式はいたってシンプル。**5年超の場合は「所得税15％＋住民税5％」の20％。5年以内の場合は、「所得税30％＋住民税9％」の39％**が譲渡所得に対する税金となります。

20%と39%って、税率が2倍近く違うんですか!?

はい。**購入4年目で売却を考えている場合、1年待ったほうが税金は安くなります。**

もう、知ってる人勝ちですね。

だから、「広く浅く」でいいので、ざっくり知識があったほうがいいんです。細かい数値や条件は改正されることもあるので、厳密に覚える必要はありません。「**所有期間の長さによって税率が2倍に変わる**」と覚えておけば、「たしか……」と思い出して踏みとどまれるかも、ですから。

もし家を売るとなっても、5年住んでからにします……

「譲渡所得」の特例が使える

■売却益のケース①——3000万円控除

家を売って譲渡所得が出ると税金が発生しますが、同時に優遇措置もあります。その1つが「**3000万円控除**」。自分が居住していた住宅を売って利益が発生した場合、確定申告時に譲渡所得から最高3000万円を控除してもらえる制度です。

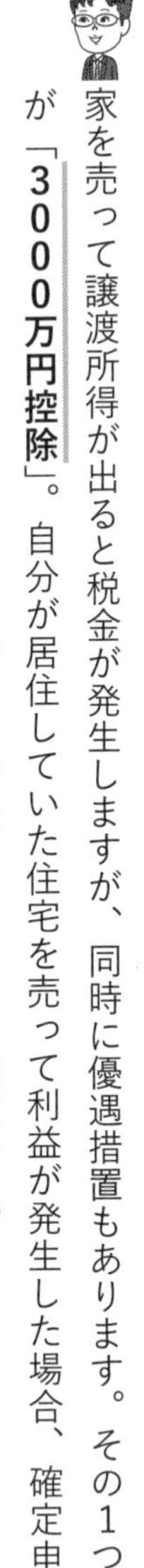

家を売って儲けても3000万円引いてくれて、その残りに対して税金が求められる、ということですか？

はい！　なので、**譲渡所得が2999万円なら、控除限度額の3000万円に収まるので税金が発生しない**というわけです。

それはすごい！　「3000万円控除を使っても、まだ税金がかかる」人には、残ったプラス分に税金がかかるんですよね？

■売却益のケース②――軽減税率

そうなのですが、実はさらに「軽減税率」が適用されます。「売った年の1月1日時点で売った家屋と敷地の所有期間がともに10年を超えていること」などの条件つきですが、**所得税の税率は10％、住民税の税率は4％の計14％**になるんです。

5年を超えて住んだ家を売ったら、たしか所得税15％＋住民税5％の20％でしたよね。

はい、**本来20％かかるところが14％に下がる**仕組みです。たとえば、9000万円の売却益が出た場合、「3000万円控除」で課税対象額は6000万円となります。この6000万円にかかる税金が1200万円から840万円になるんです。ただし、この軽減税率が適用されるのは課税対象額が6000万円以内という条件つきです。

売却益が出た人には、優しいんですね。

「居住用物件の売買は優遇する」という面が強いんです。とくに、先祖代々住んでいた家や土地を売ると、物価上昇の影響を受けて、相当な譲渡所得になりますからね。たとえば所有期間10年くらいで売れば大きな売却益は出ませんが、所有期間１００年なら、そうはいきません。曽祖父が10万円で買った土地が、１００年後に２０００万円で売れたということもありえますから。

……となると、２０００万円から引ける取得費は10万円だけ？

それは厳しいですよね。ですから、特別な措置として、「取得費には、譲渡収入の５％は最低限認める」という取り扱いもあります。譲渡収入が２０００万円なら、取得費１００万円は引けるということです。さらに所有者が居住していれば、３０００万円控除や所得税・住民税の軽減税率の特例を併せて使うことができるというわけです。

■売却損のケース――赤字をほかの所得と相殺

売却損が出た人向けの特例もあるんでしたよね？　マイナス分を補うような優遇措置があ

るんですか？

はい。本来、売却損になったら、確定申告をする義務はありません。所得税、住民税ともに発生しないので。でも、「売却する年の1月1日時点で5年以上の所有」など一定の条件を満たせば、特例を使って**売却損をその年の所得と相殺して、所得税や住民税を減らすことができます**。これを「**損益通算**」*と呼び、使うためには確定申告しなくてはいけません。

売値より買ったときの費用が大きい場合、マイナス分を所得から引ける、と。でも、損した分が大きすぎて、その年だけで相殺しきれないときは？

「最初に確定申告をした年の翌年から最長3年間」は、相殺しきれない損失を繰り越すことができ、使い切るまで所得と相殺できるので、所得税や住民税が軽減されます。この仕組みを「**繰越控除**」といいます。

ざっくり言うと、「家を売って損した人は、マイナス分が大きいほど、合算して税金が安くなりますよ」ということ？

＊ 損益通算の限度額は国税庁HP「No.3390　住宅ローンが残っているマイホームを売却して譲渡損失が生じたとき（特定のマイホームの譲渡損失の損益通算及び繰越控除の特例）」を参照。

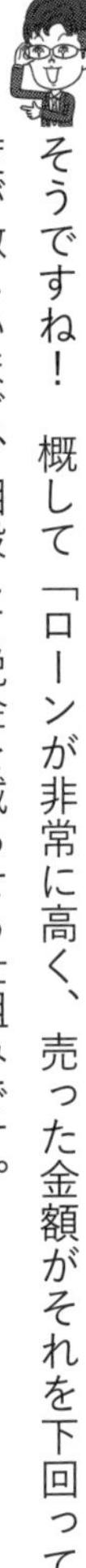

そうですね！　概して「ローンが非常に高く、売った金額がそれを下回っている」その程度が激しいほど、相殺して税金を減らせる仕組みです。

「買い換え特例」で税金を先延ばしできる

買い換え特有の特例もあります。ただし売却した年の1月1日時点で、所有期間が10年を超えるマイホームを売却した場合に限る話ですが。

「買い換え」って売ると同時に買うことですよね。難しいと聞きました……

簡単ではありませんが、これもその分節税できると思っていただければ。**自宅を買い換えるときに、元の住宅の売値より高い価格の家に買い換えた場合、売却益に対する税金が繰り延べられるんです。**この「買い換え特例」を使うことで、ひとまずは譲渡所得にかかる税金をゼロにできます。

「税金が繰り延べられる」「税金がひとまずゼロ」ってどういうことですか？

所得税と住民税の支払いを延期できるんです。「自分が10年以上居住していた建物と土地を売る」ことや、「買い換え先の建物の床面積が50㎡以上」といった条件を満たすと、買い換えた時点では税金を発生させずに、買い換えた物件を将来売ったときに、税金が加算される仕組みです。

税金支払いを延期するイメージがまだちょっと湧かないです……

たとえば3000万円で買った自宅を7000万円で売って4000万円の譲渡所得が出ると、通常は税金がかかります。でも、売った価格より高い8000万円の住宅に買い換えた場合、譲渡所得4000万円に対する税金が繰り延べられ、所得税も住民税も課税されません。

でもあとで払うんですよね？

次に売却するときに払います。8000万円の住宅を次に9000万円で売ったとします。**そのとき、差額の1000万円に、前に繰り延べた4000万円も加えられ、合計5000万円の譲渡所得**に対して課税されることになります。

というとことは、**2回目の買い換えをしなければ、先延ばしした分は、「実質的に払わなくていい」**ってこと？

そうなんです！　売却益が出たときは譲渡所得を繰り延べて節税できますし、反対に売却損が出たら売却損も繰越控除して節税できます。たとえば**1回目に売却損が出て、繰越控除が残っているうちに2回目の売却で利益が出たら、合算してプラス分を減らすこともできます。**

マイナス分も繰り越せる！　買い換えってお得なんですね！

ただし、**売却益になって繰り延べた利益は、その物件の相続人にも引き継がれる**点に注意してください。親が課税を繰り延べた物件を相続した子が売ると、そのときに税金が加算

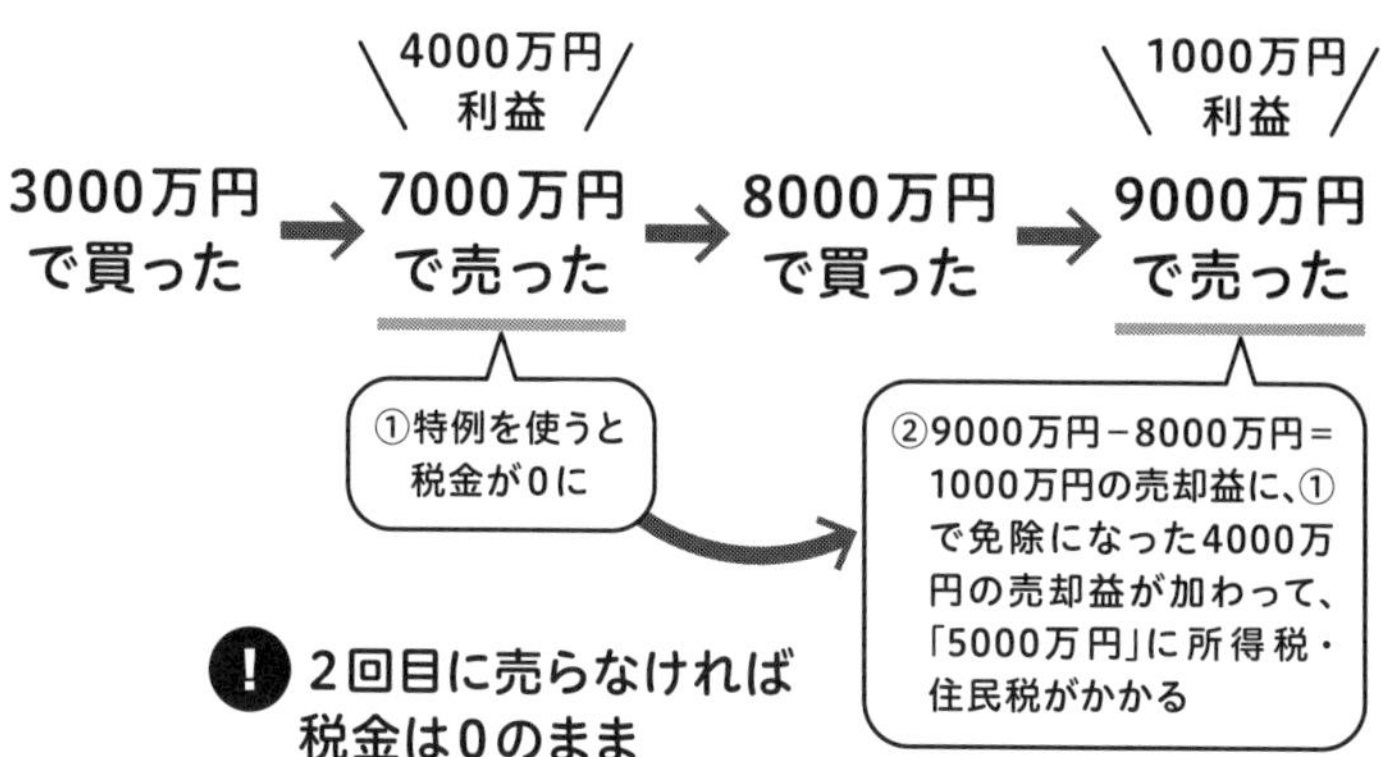

＊減価償却など省略

されます。親から子に特例を使ったことをきちんと説明できていればいいのですが、知らされていないと、繰り延べを計算に入れずに申告しますよね。すると、あとで税務署から指摘されることもあり、その場合、加算税が課される可能性があります。

……。売却益が出たときの買い換え特例を使うとしたら、どんな手続きが必要なんですか？

売却した翌年の2月16日から3月15日までの間に確定申告をします。そのときに買い換え特例を使うとして譲渡所得を計算し、住民票や登記事項証明書、売買契約書の写しなどを添付すると、特例を受けられます。

「買い換え特例」「住宅ローン控除」「3000万円控除」を併用できる人、できない人

このように家の売買には様々な特例が設けられていますが、気をつけてほしいのは**「複数の特例を同時に使える場合」「使えない場合」**があることです。

同時に使えることもあれば、使えないときもある……教えてください！

代表的なのは「住宅ローン控除」と「3000万円控除」、それに今説明した「買い換え特例」の併用についてです。

■「住宅ローン控除」と「3000万円控除」が使えるとき、使えないとき

まず、「住宅ローン控除」と「3000万円控除」の併用ですが、「住宅ローン控除」の適用

住宅ローン控除の「前後」に注意！

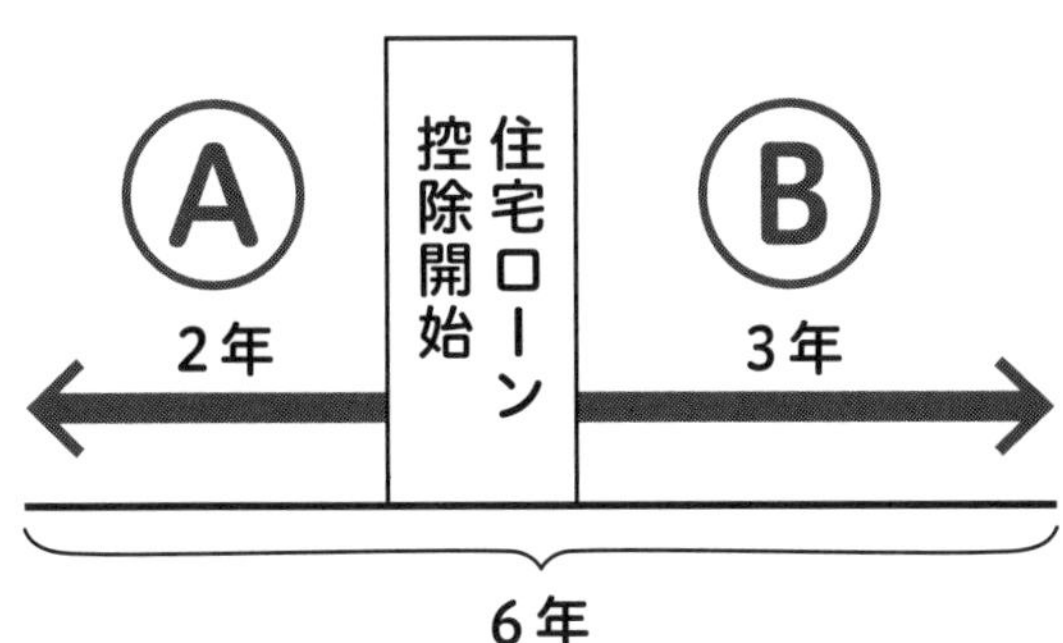

Ⓐ Ⓑに「3000万円控除」を受けてはいけない

条件に、**「住み始めた年と、その前2年・後3年の6年間に、『3000万円控除』を受けていないこと」**というものがあります。

つまり、3年経たないと住宅ローン控除と3000万円控除は両方使えない……

そうなります。**「3000万円控除」と「住宅ローン控除」は同じタイミングでは使えません。**買い換え時、1回目の売却がプラスになり3000万円控除を使用すると、2回目の新居購入時、住宅ローン控除を受けることができなくなります。

けど、同じ年に売却と購入があれば確定申告のタイミングが重なりますが、別の年になると確定申告書は別々に出しますよね。重複できないことを忘れそうですし、税務署の人もチェックしきれないいんじゃないですか？

税務職員時代、不動産を売却したときの確定申告書をチェックする仕事をしていましたが、**重複適用のルールはとくに注意していました。**３０００万円控除と住宅ローン控除の重複が見つかれば、税務調査などで指摘されて確定申告のやり直しを求められるはずです。

じゃあ、**買い換えて新しい家で住宅ローン控除を使おうと思っている場合、「３０００万円控除を使わない」と覚えておかないとダメ**ですね……

そうですね。忘れても、住宅ローン控除を利用したときの確定申告の審査段階などどこかで必ず発覚し、指摘されるはずです。

１回目の売却で何も特例を使わなければ、買い換えの際に新しく住宅ローンを組んでも住宅ローン控除は使えますか？

住宅ローン控除と3000万円控除、両方使えるケース・使えないケース

(住口控)＝住宅ローン控除　(3千控)＝3000万円控除　(買換特)＝買い換え特例

両方使える

購入〈住口控〉――売却〈3千控〉　○

購入〈住口控〉――売却　購入〈住口控〉――売却〈3千控〉　○

併用NG

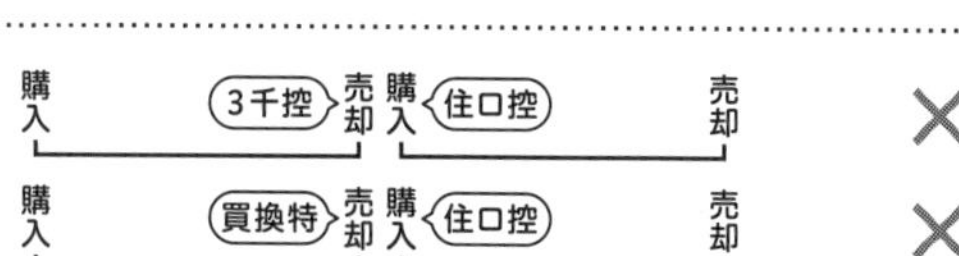

購入――〈3千控〉売却　購入〈住口控〉――売却　×

購入――〈買換特〉売却　購入〈住口控〉――売却　×

大原則：
住宅ローン控除と3000万円控除・買い換え特例は同じタイミング（**6年間のうち**）で使えない

☆1回目が**売却損**だった場合、買い換え特例*と住宅ローン控除が同じタイミングで使える。

購入――〈買換特〉売却(－)　購入〈住口控〉――売却〈3千控〉　○

それはまったく問題ありません。ただ、今買い換えの話をしているので付け足すと、**1回目が売却益なら買い換え特例と住宅ローン控除も同時には使えません。**売却益時の税金を繰り越しつつ、次の新居で住宅ローン控除を受けるのはNGです。

売却損なら同時に使えますか？

はい。**1回目が売却損だった場合には、買い換え特例*と住宅ローン控除が併用できます。**1回目のマイナス分をほかの所得と合算することができ、新規で住宅ローン控除も使えるうえに、2回目に家を売って売却益が出たら、3000万円控除も使えます。

* 厳密には買い換え時にマイナス分を繰り延べることを「譲渡損失の繰越控除」といいますが、本書では買い換え時に使える特例として「買い換え特例」と総称します。

■「買い換え特例」と「3000万円控除」が使えるとき、使えないとき

「買い換え特例」と「3000万円控除」の併用については、**買い換えるときに売却益なら、3000万円控除か買い換え特例、どちらを使うか選ぶ**ことになります。

先ほどの最後の話だと、同時に使わなければ両方使える？

はい。同じタイミングで特例を重複できないだけなので。1回目の売却時に買い換え特例を使い、2回目の売却時に3000万円控除を使うパターンは可能です。

この場合、1回目の購入時に住宅ローン控除が使え、2回目の購入時にも住宅ローン控除が使えるのは、1回目が売却損で買い換え特例を使ったケースですね。

その通り！　**売却損なら併用できる特例が増える**、と覚えていただければ。

買い換え特例と3000万円控除が両方使えるケース・使えないケース

大原則： 買い換え特例と3000万円控除は同じタイミングでは使えない
（買い換え特例利用の前後２年間は3000万円控除が使えない）

両方使える　購入 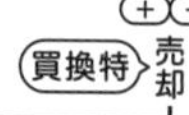 買換特 ⊕⊖ 売却　購入　売却 3千控　

1回目が売却損の場合、2回目の購入時に住宅ローン控除が使える（前図、一番下のパターン）

併用NG　購入  買換特 ⊕ 売却 3千控　購入　売却　×

「小規模宅地」の特例
——「相続税」がぐっと下がる

今は何とか理解できましたが、また混乱しそう……。家を他人に売ったり、特例をフル活用しようとするのは大変なんですね。身内にマルっと譲るのがラクな気がしてきました。

その場合も税金がかかりますよ。たとえば親から子に無償で所有権の名義を移すと「財産の贈与があった」と判断され、子に贈与税がかかります。親が亡くなったあとに子どもに名義が移ると、相続税の対象になります。

やっぱり税金は高くなりますか？

一概にそうとも言えません。まず、**相続税の場合は、日本人の約8%しか課税されておらず、ある程度の資産家でなければ税金はかかりません**。基本3000万円、さらに法定相続人1人あたり600万円の基礎控除があるので。たとえば妻と子ども2人が相続人になった場合、合計4800万円が控除されます。亡くなった方に4800万円を超える財産がない限り、相続税の申告や納税は必要ありません。

4800万円……。土地付きのマイホームを持っていて、ほかに貯金とか財産があれば超えそうな気も。

亡くなった人がマイホームとして使っていた敷地については「**小規模宅地等の特例**」という、**その敷地の評価額を80%割り引いて相続税を計算できる特例もあります**よ。

土地の価値を8割引して、そこから基礎控除とか引いて相続税が求められるってことですか？

その通り！

「小規模宅地」ってどれくらいの広さなんですか？

330㎡までです。小規模といっても、結構広い面積が認められます。ただし、小規模宅地等の特例を使うには、相続税の申告が必須です。特例を使って相続税がゼロになるとしても申告書を税務署などに出す必要がある点に注意してください。

じゃあ、もう一方の贈与税は？　これも優遇措置があるんですか？

年間110万円の基礎控除はあるものの、110万円を超えると10〜55％の税率で贈与税がかかるのは前述の通り。ただ、「**贈与税の配偶者控除**」という制度があり、条件に合えば、特定の人の間で家を譲っても贈与税が課税されないことがあるんです。

条件とは？

結婚20年以上の夫婦間で、居住用の家や住宅取得資金を譲渡する場合です。**2000万円の控除が適用されるので、この金額以内であれば贈与税はゼロです**。ただし、特例を使うには、贈与税ゼロでも贈与税の申告を税務署にする必要があります。

夫婦間なら、物件を譲って名義を変更しても税金がかからない場合があるんですね。それには婚姻期間や資産価値の条件がある。そういう「細かい条件がある」という事実を知るだけでも、損しないで生きていけそうな気がしてきました。

具体的な数値は覚えなくてもいいんです。「購入・所有中・売却、それに相続時には特例がある」と知っていれば、調べられますから。

とりあえず、**家を買っても、持っていても、売っても税金はかかってくる**。それに、**各ステージで特例がある**。人生の節目節目で、思い出して、逐一立ち返るようにします！

その意識が大事だと思います。まず、知っているかどうかで、損得が大きく変わってきますから。

小林さん、今回もありがとうございました！

いえいえ！

COLUMN

が発生した場合も、3000万円控除が認められる可能性があります。主な要件は、左記1の①②③に加えて、「特定事由により転居する直前の時点」が基準になります。特定事由とは、要介護認定や要支援認定、障害支援区分の認定を受けるなどしていることを指します。

ただし、この措置は、**「一時的に老人ホームに転居していたケース」、つまり自宅に戻ってくる予定で家の維持が行われていた状況**を想定している点に注意が必要です（親の物品がきちんと管理されていた、など）。老人ホームを終の棲家にするつもりで自宅から転居した場合は該当しませんので、その場合は実家を売却しても3000万円控除を利用することはできません。

＊詳しい要件等は下記を参照。

- 国税庁HP　No.3306　被相続人の居住用財産（空き家）を売ったときの特例
- 国税庁HP　No.3307　被相続人が老人ホーム等に入所していた場合の被相続人居住用家屋

「実家」に使える特例

本書で解説した「3000万円控除」は、自分が所有し、住んでいる家を売却したときに使える特例です。しかし、高齢化が進む日本の状況を踏まえ、以下の特例措置が設けられています。いずれも細かい要件がありますが、まずは基本的な仕組みを押さえましょう。

1. 親が住んでいた実家を売るとき

遠方に住む親が亡くなったとき、誰も使わなくなった実家の売却が必要になるかもしれません。このとき、実家の所有権を引き継いだ相続人は、実家に住んでいるわけではないので、通常の3000万円控除は使えません。しかし、平成28年4月1日から令和5年12月31日までの間（延長の可能性あり）にその物件を売った場合、一定の要件を満たせば3000万円控除を使えます。主な要件は、次の通りです。

① 1981年5月31日以前に建築された家屋とその敷地

② 区分所有建物登記がされている建物（マンション等）ではない

③ 相続開始直前の時点で、被相続人のほかにその家屋に居住をしていた人がいない（つまり、相続直前まで親が一人暮らし）

2. 親が老人ホームに入居したあとに亡くなり、空き家となった実家を売るとき

病気の療養などのために親が老人ホームに入り、そのまま相続

あとがき………日下部理絵より

私は20年近く、約1000棟のマンション管理や、行政・民間のマンション統計調査、相談員などの業務に携わってきました。現役の専門家として、住民や不動産業界で働く人、就職を目指す人向けの講座やセミナーに登壇、試験委員などもさせていただいています。プライベートでも数々の分譲マンションを買い換えており、〝プロ住民〟としてのキャリアも更新しています。不動産投資も行っており、複数の物件を保有・運用しています。

このように不動産を軸に**専門家、管理会社勤務、相談員、調査員、試験委員、講師、住民、投資家……ともすれば利益が相反する立場を経験した人は、そう多くはいないはず。**私が積み重ねてきた経験や知見が、少しでも皆様のお役に立つことを願いながら、今回の梅田さんとの問答に向き合いました。

不動産の世界には、難解な専門用語が多数存在します。また、明文化されていない〝暗黙のルール〟も多く、一般の方にとって「わかりやすい世界」ではないのが実状です。

しかし、「戸建て」「マンション」といった不動産ほど、人の人生に強く密着したものはありません。その人が満足いく家を手に入れることこそ、幸せへの道といえるでしょう。

「不動産の世界を、もっとわかりやすい、開かれたものにしたい」
そんな思いに動かされて、この本に臨ませていただきました。

本書のコンセプトは「一般の方でも読めて理解できる家の超基礎本」です。したがって、私個人の経験談をすべて盛り込めたわけではありません。

そこで、この場を借りて、私のリアルなエピソードを少しお伝えできればと思います。

まず、**「住宅ローン特約」（232ページ）についての失敗**です。この特約は「住宅ローンの審査に通らなかった場合、ペナルティなしで売買の契約解除ができる」というものです。

先に新築マンションを契約し、引っ越しまで約3年あったので「その間にゆっくり売って資金を確保すればいい」と思っていたのですが、予想に反してなかなか売れず……急きょ住宅ローンを組んで対応することに。

住宅ローンを組む予定はなかったので、マンション契約時に住宅ローン特約をつけてはいませんでした。ローン審査に通ったからよかったものの、手付金没収で契約が流れるのでは、と、審査が下りるまで心配でしかたありませんでした。

「住宅ローン」の審査基準はいまだにわかりませんが、一方で**「某銀行で貸金庫を借りて**

いる」と話した途端、対応が変わりスムーズに審査に通ったこともあります。「貸金庫」には社会的な信用を稼ぐ力があることを、肌で感じた体験です。

また、初めて住宅ローンを借りたときのこと。お金に余裕ができたので、「繰り上げ返済」をしようとしたら、手数料がとても高額でした。なので手数料が安価で済むギリギリ（つまり1円引き）の金額で幾度となく繰り上げ返済することに。

このような〝回り道〟をしたり不安を覚えたりすることなく、スムーズに理想のマイホームを手に入れて、楽しい毎日が送れる人が増えるよう、願ってやみません。

どんな人の人生にも、その中心には「家」があります。

「家」が理想的な状態であれば、そこを心の拠りどころとして、安心して外で活躍ができるものです。

1人でも多くの人が、理想の「家」とめぐり合い、よりよい人生を歩まれますように。

日下部理絵

あとがき……小林義崇より

この本の執筆中に、12年ほど住んだマンションを売り、戸建てに買い換えました。前回は公務員としてマンションを買いましたが、今回は独立後初めての大きな買い物。予想に反して大変でした。「他山の石にしていただければ」という思いから、そのエピソードを最後にお話しさせていただきます。

私の旧居は、埼玉県の駅近の3LDK、約70㎡のマンション。当時は4人家族だったので、広さには十分満足していました。

ところが、国税局職員を辞して、フリーランスのライターとして自宅で仕事をするようになったり、3人目の息子を授かったり。また、コロナ禍の影響でオンライン取材が一気に増えましたが、日増しに活発になる息子のすぐそばでは、なかなか大変でした。

このような状況のなか、思いもよらぬことで手狭になった家から、広い家に移れはしないか、と考えるに至ったのです。

家にまつわる税制も、私を後押ししてくれました。

「住宅ローン控除」は最長13年に延長され、「すまい給付金」も最大50万円に拡充。自宅を買うには最高のタイミングと考えました。

そして、物件を探し始めたところ、幸運にも子どもの通う小学校の学区内に新築の戸建てを発見することができました。４ＬＤＫの２階建て、約１００㎡という広さで申し分なし、家族全員が笑顔になれそうな家でした。

しかし、暗雲が立ち込めます。ローン審査が難航したのです。

理由はいくつかありました。まず、私がフリーランスの仕事をしていたこと。**やはり正規雇用者のほうがローン審査には有利**であると痛感しました。

最大の問題は、買い換えのための「二重ローン状態」でした。「今が買い時」と考え、先に新居を買って、あとでマンションを売る計画で進めていたのですが、二重ローン状態となり、どうしても返済負担率（２０１ページ）が高くなります。ローン審査を通すために「返済負担率は25％以内が理想」などの知識はあるのですが、その条件を実際にクリアすることの難しさを痛感しました。

仲介業者の方から、「フラット35という住宅ローンであれば通る可能性がある」と言われたものの、マンションが売れなければ二重ローン状態が続きます。このまま家の買い換えに踏み切っていいものか、不安を拭い切れませんでした。

では、どうやってその難局を切り抜けたのか？

当時後押ししてくださったのが、何を隠そう、本書の共著者である日下部理絵さんでした。日下部さんから「不動産市場の状況を見ると、今は家の売り時」と背中を押していただき、ローン審査に臨んだ結果「今の自宅を売ってマンションの残債を完済する見込みがある」と、審査を通過できたのです。その後、売りに出したマンションは1か月も経たずに希望価格での売却が決まります。

結果、私が予定していたよりもずいぶん早くマンションのローンを全額完済でき、二重ローン状態をすぐに脱することができました。

このように大変な思いもしましたが、今は「また1冊の本が書けそう」とポジティブにとらえています（笑）。

私たち家族にとっても、日下部さんは「家の救世主」です。

そんな日下部さんとタッグを組ませていただき、1冊の本を世に送り出すことができたことには、感謝の念しかありません。

お金と同様、家にまつわる問題は、人生に大きな影響を及ぼします。**「知らないこと」で家を手に入れることができなかったり、余計な出費をしたり、家を失うことだってあります。**

転ばぬ先の杖として、本書を活用いただければ幸いです。

小林義崇

日下部理絵（くさかべ・りえ）

住宅ジャーナリスト、マンショントレンド評論家。

第１回マンション管理士・管理業務主任者試験に合格。管理会社勤務を経て、不動産総合コンサルタント事務所「オフィス・日下部」を設立。

管理組合の相談や顧問業務、数多くの調査から既存マンションの実態に精通する。また、穴場の街ランキングや新築マンション情報など、マンショントレンドにおいても見識が深い。ヤフーニュースへの住宅記事掲載は300回以上。テレビ・ラジオなどのメディア、講演会・セミナーでも活躍中。

主な著書等に、『マイホームは価値ある中古マンションを買いなさい！』（ダイヤモンド社）、『「負動産」マンションを「富動産」に変えるプロ技』（小学館）、『マンション管理・修繕・建替え大全 2021』（朝日新聞出版）ほか多数。

小林義崇（こばやし・よしたか）

元国税専門官、フリーランスライター、Y-MARK合同会社代表。

西南学院大学商学部卒業後、2004年に東京国税局の国税専門官として採用され、以後、都内の税務署、東京国税局、東京国税不服審判所において、相続税の調査や所得税の確定申告対応、不服審査業務等に従事。

2017年7月、東京国税局を辞職し、フリーライターに転身。著書に『すみません、金利ってなんですか？』（小社刊）など。

すみません、2DKってなんですか？

2021年7月10日　初 版 発 行
2021年7月15日　第2刷発行

著　者　日下部理絵、小林義崇
発行人　植木宣隆
発行所　株式会社サンマーク出版
　　　　東京都新宿区高田馬場2-16-11
　　　　電話　03-5272-3166
印　刷　中央精版印刷株式会社
製　本　株式会社村上製本所

ISBN978-4-7631-3892-7 C0030
ホームページ　https://www.sunmark.co.jp